FERNAND TARDIF
Préfet de la Vendée

UN DÉPARTEMENT PENDANT LA GUERRE

TROISIÈME ÉDITION

LA ROCHE-SUR-YON
LIBRAIRIE GUIGNÉ-HURTAUD
3, PLACE D'ARMES, 3

1917

LA ROCHE-SUR-YON
(VENDÉE)
IMPRIMERIE CENTRALE
DE L'OUEST

UN DÉPARTEMENT PENDANT LA GUERRE

UN DÉPARTEMENT
PENDANT LA GUERRE

LES POPULATIONS

I

La Mobilisation. — Les Soldats Vendéens.

Après les angoissantes journées de la fin de juillet 1914, lorsque le Gouvernement décréta la mobilisation générale, un souffle patriotique secoua notre pays. Devant l'insigne mauvaise foi de nos ennemis, devant leur volonté manifeste de soulever un conflit armé, il eut conscience de la justice de notre cause. Il sentit que la France et ses Alliés défendaient la civilisation contre la barbarie, le droit à la souveraineté des peuples contre les desseins d'hégémonie de l'Allemagne. Il eut la claire notion qu'il fallait en finir avec les vexations et les menaces de guerre continuelles dont nous étions l'objet de la part de nos voisins. Les Allemands avaient prémédité la guerre et nous y avaient acculés. Le cauchemar qui depuis trop longtemps oppressait les consciences et pesait sur notre existence, allait avoir un terme. Comme un seul homme, tous les Français proclamèrent que c'en était assez des procédés germaniques de provocation et de chantage, et que, quelle que fût notre volonté de paix, nous avions le devoir de soutenir la lutte pour garder notre honneur, pour assurer notre indépendance nationale et pour défendre en même temps la liberté de l'Europe.

L'Allemagne avait vainement escompté nos divisions. Elles s'apaisèrent dès les premières menaces de guerre. Les divergences d'opinions, les luttes de la veille furent oubliées; et les partis se rapprochèrent en un admirable mouvement d'union sacrée. « A cette heure — put proclamer en termes élevés le président de la République — il n'y a plus de partis, il y a la France éternelle et résolue. Il y a la patrie du droit et de la justice tout entière unie dans le calme, la vigilance et la dignité. »

En Vendée, comme dans le reste du pays, ce fut donc dans l'ordre et le calme le plus parfaits que s'effectua la mobilisation. Les mobilisés rejoignirent en hâte leur poste. Calmes et résolus, nos soldats partirent pour la frontière, au milieu de l'enthousiasme et des acclamations des populations.

***

Les corps vendéens ont pris part à de multiples actions sur les divers théâtres de la guerre. Partout, ils se sont signalés par leur discipline et leur bravoure. L'un des premiers drapeaux enlevés à l'ennemi fut pris le 27 août 1914 par deux hommes du 137e régiment d'infanterie de Fontenay-le-Comte, les soldats Broussard et Turquaud. C'était le drapeau du 26e régiment d'infanterie allemande, dont le colonel était fait en même temps prisonnier. La croix de la légion d'honneur fut conférée pour cet exploit au 137e, qui fut cité à l'ordre de l'armée.

Le 27 décembre 1914, les 7e et 8e compagnies de ce régiment furent l'objet d'une citation à l'ordre de la division : « Chargées d'enlever une tranchée qu'une mine devait faire sauter, elles ont fait preuve d'une discipline et d'un esprit de dévouement parfaits, en se plaçant deux fois de suite dans la boue et dans l'eau, en face de leur objectif; elles se sont élancées sans compter et d'un seul élan au signal de leurs chefs, au milieu de la fumée de l'explosion, pour aborder la tranchée allemande; elles se sont heurtées aux fils de fer qui n'avaient pas été détruits et ont été décimées par la fusillade. » Le 22 juin 1915, une autre compagnie, la 2e, fut citée à l'ordre de l'armée pour sa brillante conduite au feu : « A l'heure fixée pour l'assaut, sous un violent feu de barrage de l'artillerie allemande, elle s'est élancée d'un même cœur hors des tranchées, donnant ainsi un superbe exemple de bravoure qui a électrisé tout le régiment et lui a fait enlever d'un seul élan deux lignes de tranchées allemandes. » En 1916, le 2e bataillon (commandant Gaugeat) fut porté à l'ordre du corps d'armée : « Chargé le 15 décembre 1916, d'appuyer une brigade d'attaque, il a été porté le 16 au matin en première ligne, où il a contribué largement au succès; il a enrayé une contre-attaque allemande qui menaçait le flanc droit découvert de sa brigade. Il a contre-attaqué à son tour l'ennemi et rétabli la situation par l'occupation des objectifs assignés. Maintenu pendant cinq jours sur la position conquise, il l'a organisée avec une activité inlassable, et, par un nouveau bond en avant, il a assuré définitivement la possession d'une crête importante. »

En juin 1917, le régiment fut l'objet d'une seconde citation à l'ordre de l'armée : « Sous l'impulsion énergique de son chef, le lieutenant-colonel Gauthier, il a mené une attaque difficile avec un élan superbe; il a fait preuve des plus belles qualités manœuvrières. Il a conquis ses objectifs malgré une résistance très opiniâtre et bien que durement éprouvé pendant son séjour en tranchées avant l'attaque. Il a fait de nombreux prisonniers. »

Le 137e reçut la fourragère et son étendard fut admis à participer à la revue des glorieux drapeaux qui eut lieu à Paris le 14 juillet 1917.

Les autres régiments vendéens ont inscrit, eux aussi, de belles pages au livre d'or de l'armée. La 24e compagnie du 337e fut, en janvier 1916, citée à l'ordre de l'armée, pour « avoir fait preuve, le 27 décembre 1915, de discipline, de sang-froid et de bravoure au cours d'une violente attaque à la grenade, à laquelle elle a riposté énergiquement ; elle a repoussé l'ennemi en lui faisant subir des pertes sérieuses; a reconquis le poste avancé qui avait été bouleversé, l'a rétabli sous le feu et a finalement obligé l'adversaire, après un combat acharné de deux heures, à abandonner la lutte. Cette compagnie avait déjà montré, depuis le début de la campagne, des qualités de solidité, d'énergie et de camaraderie militaires délicates, notamment les 28 août et 3 octobre 1914. » Une autre compagnie du 337e, la 17e compagnie, bénéficia à la même époque d'une citation à l'ordre de l'armée : « Attaquée à la grenade dans un poste dangereux par les Allemands, dont deux fois très violemment, elle a fait preuve, sous l'habile impulsion du lieutenant Vermeulen, de réelles qualités d'entrain et de sang-froid, d'endurance, de discipline et d'un complet mépris du danger, ce qui lui a permis de repousser victorieusement ces attaques » (1, 2 et 3 janvier 1916).

Le 83e territorial (colonel Sherbeck) fut cité à l'ordre de son corps d'armée pour avoir « fait preuve de la plus belle tenue au feu » pendant les combats des 25, 26 et 27 septembre 1915 et avoir « pris la part la plus active aux reconnaissances et aux attaques dans un secteur difficile et très exposé. » Le 293e d'infanterie ne s'était pas moins bien conduit, accomplissant à l'attaque des tranchées allemandes, « malgré la ténacité et la résistance de l'ennemi, sa mission avec une haute conception du devoir et un sublime esprit de sacrifice » (citation à l'ordre de la 301e brigade, 2 octobre 1915).

La 2e compagnie de mitrailleuses du 93e eut cette belle citation à l'ordre de l'armée : « Ayant reçu mission d'aller prendre position sur le versant opposé d'une crête battue par l'artillerie ennemie, la compagnie, dès les premiers pas, eut ses trois officiers blessés, ses huit pièces enterrées et quarante-trois hommes atteints sur quatre-vingt-dix. Loin de perdre courage, les survivants n'ont eu d'autre souci que de déterrer leurs pièces et de se reformer. A la tombée de la nuit, quatre pièces étaient retrouvées, deux complètement nettoyées et remises en état de tirer, une section complète était organisée sous le commandement du lieutenant Guibert qui, bien que fortement contusionné, était resté à son poste. » Le régiment se signala du reste à maintes reprises par son héroïsme, et à son tour il fut cité à l'ordre de l'armée : le 3 mai 1917, sous les ordres du lieutenant-colonel Lafouge, il s'empara « en moins de deux heures, en un élan superbe, d'une série de tranchées opiniâtrement défendues, y capturant sept cent cinquante prisonniers dont onze officiers, neuf mitrailleuses et huit lance-bombes. Poursuivant rapidement ses succès, il prit ensuite pied dans un village fortement organisé, point sensible de la ligne ennemie, et ne l'abandonna que parce que son ardeur offensive l'avait isolé des corps voisins, retardés dans leur progression. Il conserva les premières positions conquises malgré des contre-attaques réitérées, menées avec un acharnement jusqu'alors rarement dépassé. »

En juin 1915, la 21e division d'infanterie qui comprend en outre de deux régiments de la Loire-Inférieure, le 64e et le 65e, deux corps vendéens, le 93e et le 137e, avait été citée à l'ordre de l'armée. Mais c'est le XIe corps tout entier qui avec ses éléments vendéens et bretons, mériterait d'être à l'honneur. Partout il s'est battu, partout il a fait partie des troupes d'élite sur l'élan et la solidité desquelles le commandement pouvait compter. A Maissin en août 1914, à Hébuterne l'année suivante, aux combats de la Marne, aux luttes épiques devant Verdun, dans la Somme et dans l'Aisne, le XIe corps a donné et s'est superbement conduit[1].

1. A l'occasion des combats qui ont eu lieu en août 1917 près de Saint-Quentin et où les 19e et 116e régiments d'in-

***

Des colonels aux sous-lieutenants, la plupart des officiers des régiments d'infanterie vendéens qui étaient partis à la mobilisation ont été tués ou grièvement blessés.

Il faudrait tout reproduire dans les pages d'épopée que constituent les abondantes listes de citations individuelles. Nos officiers ont en toutes occasions montré le mépris le plus absolu du danger. L'un d'eux, le chef de bataillon Héry, du 84e territorial, se met à la tête de ses troupes pour prendre d'assaut un pont occupé par l'ennemi, en disant : « Il n'y a pas de Prussiens qui tiennent, il faut passer! » Il est tué en accomplissant cet acte d'héroïsme. Le lieutenant-colonel Jahan, du 93e, atteint mortellement devant Tahure en conduisant son régiment à l'assaut, stimule encore ses soldats quand on l'emporte, en criant : « En avant! En avant! » Le commandant Guillaumet, du 137e, après avoir brillamment enlevé son bataillon à

fanterie se sont particulièrement distingués, le général commandant d'armée a rendu un hommage officiel à la vaillance du XIe corps.

l'attaque d'un village, tombe en disant : « Je meurs face à l'ennemi pour la France. » Le lieutenant-colonel Desgrées du Loû, du 293e, promu en cours de campagne colonel du 65e d'infanterie, au moment d'aller à l'assaut d'une position ennemie garnie de fils de fer, monte sur la tranchée, et tout droit, le drapeau à la main, entraîne son régiment. Après avoir donné ce magnifique exemple de courage, il est tué par une rafale de mitrailleuse à cinq mètres de la première tranchée allemande[1]. Un capitaine du 83e territorial, le capitaine Calendini, a cette mort digne d'un héros antique : « Intoxiqué par des gaz délétères, il reprend, malgré les conseils du médecin, le commandement de sa compagnie, dès qu'il apprend qu'une attaque doit avoir lieu. Ayant reçu l'ordre d'occuper une tranchée avancée, il achemine sa compagnie par un boyau qui est couvert de projectiles et comblé. Son lieutenant lui ayant fait remarquer combien ce passage serait dangereux, le

1. L'*Illustration* a donné une photographie du colonel Desgrées du Loû entraînant son régiment (n° du 20 novembre 1915). M. Henri Lavedan a consacré dans l'*Illustration* du 11 décembre 1915 un article au colonel Desgrées du Loû sous le titre : *Le Colonel Porte-drapeau.*

capitaine s'écrie : « Je dois occuper une position, j'y vais. » Il escalade le talus, marche à découvert, suivi de ses hommes, et est frappé mortellement par un éclat d'obus. » Non moins émouvante est la fin du capitaine de réserve Aujames, du 293e : « Une de ses tranchées de première ligne ayant sauté, il s'y est porté rapidement pour la faire organiser sous le feu de l'ennemi. Ayant aperçu un de ses hommes à moitié enseveli, il n'a pas hésité à sortir des tranchées sous le feu de l'ennemi pour lui porter secours; il a trouvé une mort glorieuse en essayant de le dégager. » Le sous-lieutenant Plantiveau se fait tuer avec son colonel pendant une contre-attaque. L'un et l'autre ne veulent pas tomber prisonniers entre les mains des Allemands et, allant au devant de la mort, ils chargent l'ennemi avec une poignée d'hommes[1].

Le sous-lieutenant Normand, du 337e, dirige pendant plusieurs jours, des contre-attaques à la grenade, maintenant sa troupe sous une pluie de grenades et d'obus. Atteint de quatre blessures, il ne se retire qu'après avoir assuré pleinement le

1. Détails extraits d'une lettre adressée aux parents de M. Plantiveau par son capitaine. M. Plantiveau était, avant la mobilisation, notaire en Vendée.

succès de sa mission. Le lieutenant Davanne, du 93e, montre le 5 mai 1917 comme commandant de compagnie, dans la préparation de l'attaque et dans l'ardeur avec laquelle il mène ses hommes au combat, une intelligence militaire et une énergie telles, qu'il capture deux cents prisonniers, huit minenwerfer et six mitrailleuses; il est grièvement blessé au cours du combat. Le sous-lieutenant de Gavardie, du 93e, s'engage à dix-sept ans à la mort de son père, le capitaine de Gavardie, tombé au champ d'honneur. Déjà deux fois cité à l'ordre de l'armée, il se signale par un nouvel exploit. « Le 5 mai 1917, à la tête de sa section, il entre d'un seul bond dans une tranchée ennemie, capturant quatre mitrailleuses et cinquante soldats. Dépassant ensuite son objectif, il enlève de haute lutte une position défendue avec acharnement par de nombreux Allemands armés d'une mitrailleuse. Il est très grièvement blessé le soir de cette journée, après avoir résisté victorieusement à deux violentes contre-attaques. » Un autre officier du même régiment, le lieutenant à titre temporaire de réserve Charon, « chargé le 5 mai 1917 d'une mission particulièrement importante, s'en acquitte avec un succès complet, ce qui vaut à son bataillon la capture de plus de cinq cents prisonniers, de quatre mitrailleuses et d'un matériel considérable. Il est très grièvement blessé à la fin de l'opération. » Lui aussi avait eu déjà deux citations. Le lieutenant Pesché, du 93e, objet de plusieurs citations, sauve son colonel et abat deux Allemands qui inquiètent le transport de son chef de corps. Autorisé, un jour, à chercher à faire un prisonnier, il se trouve au milieu de l'obscurité, entouré de dix Allemands. Il en tue un, disperse les autres à coups de revolver et ramène dans nos lignes l'un d'eux grièvement blessé. Chargé, une autre fois, d'une reconnaissance, il tombe sur un petit poste allemand qu'il attaque et fait prisonnier. Apprenant que la relève allait avoir lieu, il l'attend. Lui et ses hommes se jettent sur le nouveau détachement, le capturent et ramènent au camp dix-huit prisonniers. D'Artagnan n'eût pas désavoué de tels exploits.

***

Sous-officiers et soldats savent se montrer dignes de leurs chefs, et faire preuve à leur exemple du plus héroïque courage.

Le sergent Prost, du 93e, progressant dans un

boyau avec sa section, le 5 mai 1917, se bat cinq heures de suite à la grenade, entraînant ses hommes par son exemple. Blessé au bras droit, mais apprenant que son chef de section vient d'être tué, il reste à son barrage jusqu'à ce que l'ennemi ait été maîtrisé. Un autre sous-officier du 93e, le sergent Picot, conduisant une reconnaissance, est pris sous un tir de mitrailleuses. Très grièvement blessé, il ouvre le feu et le continue « jusqu'à ce que la mort l'ait surpris, afin de permettre à deux de ses hommes, également blessés, de sortir de la zône battue pour aller transmettre les renseignements recueillis. » Le sergent Séou, du 293e, « grâce à son énergie et son sang-froid, arrête à lui seul, le 8 juin 1916, plusieurs attaques allemandes et inflige des pertes sensibles à l'ennemi. » A l'attaque de Toutvent (7 juin 1915), le sergent Autun, du 93e, atteint de deux blessures en abordant la tranchée allemande, a le courage de conduire ses hommes jusqu'à la ferme de Toutvent; il tombe épuisé en criant : « En avant! » Un de ses camarades, le sergent Nogues, chef du groupe d'éclaireurs de sa compagnie, s'élance un des premiers à l'assaut des tranchées allemandes. Chargé de prévenir ses chefs de toute contre-attaque, il reste comme observateur volontaire pendant trois jours et trois nuits dans une tranchée sans abri, sous un feu meurtrier d'artillerie ennemie de gros calibre. Dans une autre attaque (25 septembre 1915), le sergent Auguste Protat, qui, depuis le début de la campagne, a reçu cinq blessures, franchit des défenses accessoires presque intactes et pénètre dans les premières tranchées ennemies. Il s'y maintient jusqu'au moment où tous ses hommes sont mis hors de combat. Devenu adjudant, ce sous-officier se signale à nouveau. « Le 12 juin 1916, après avoir pris part à une contre-attaque pour dégager la droite de sa compagnie, il retourne dans sa tranchée menacée par l'ennemi, rassemble sa section et résiste à toutes les attaques. » Le sergent Baudry, plusieurs fois blessé, décoré de la médaille militaire et de la légion d'honneur, reste pendant quatre jours sous le bombardement le plus violent dans un petit poste ennemi, et avec l'aide de sept hommes, détruit une troupe de quarante Allemands, dont huit sont faits prisonniers.

Chez les soldats, on ne sait ce qu'il faut admirer le plus, du dévouement aux chefs, de la solidarité, de l'abnégation, de la bravoure, ou, dans les circonstances difficiles, de l'esprit d'initiative et de décision. Le brigadier d'artillerie Dubois est grièvement blessé de deux balles en allant porter secours à un soldat d'infanterie tombé hors de la tranchée. Le brancardier Roy va jusqu'à cent cinquante mètres en avant de nos lignes rechercher à proximité immédiate de l'ennemi, un soldat blessé qu'il ramène. Le soldat Loiseau, après l'attaque de Toutvent, porte et soutient pendant trois kilomètres son capitaine blessé et épuisé, essuyant le feu de l'artillerie allemande, et revient de suite prendre son poste de combat. Un autre, Clément Robert, voyant son colonel grièvement blessé au cours d'une inspection des premières lignes, se précipite à son secours et le porte dans ses bras jusqu'à un endroit relativement abrité, en lui faisant franchir deux cents mètres de boyaux battus par un feu terrible de balles et de grenades à fusil.

Luttant contre des grenadiers allemands, le soldat Dupré se maintient en contact avec eux sous un feu des plus violents. « Blessé une première fois au côté, il s'écrie : « Je suis blessé, je m'en f.... » Il continue à lancer des grenades, il est atteint plusieurs fois, et il ne s'arrête d'en lancer qu'aveuglé par son sang. » Blessé deux fois, le soldat Juste

Jousset continue à faire le coup de feu avec un groupe d'hommes. Il les maintient sur place par son calme et son courage jusqu'au moment où il est mortellement frappé. On a besoin, à la veille d'une affaire, d'un homme résolu. Le soldat Robert Aubry s'offre pour se glisser dans un poste d'écoute abandonné, en contact immédiat avec le poste allemand. Il y trouve le lendemain une mort glorieuse : entouré par les grenadiers allemands, il se défend jusqu'au bout à coups de grenades. L'agent de liaison Vignères est frappé mortellement d'une balle à la poitrine, au moment où il vient de tuer un ennemi ; il tombe en criant : « Adieu les gars, c'est pour la France. »

Deux camarades, les soldats Decagny et Raymond, font au cours de l'attaque du 5 mai 1917, douze prisonniers, dont deux officiers. Aux mêmes combats, le soldat Fichoz, un grenadier d'élite, entraîne par son élan ses camarades à l'attaque d'un centre de résistance, ce qui permet à sa seule section de capturer quatre-vingt prisonniers, huit minenwerfer et deux mitrailleuses. Trois jours après, partant volontairement au-devant d'une contre-attaque, il en arrête net les éléments de tête, faisant avec un camarade neuf prisonniers et tuant quatre hommes. Un autre soldat, Edmond Chevalier, se présente comme volontaire pour une patrouille de tête chargée de préparer l'avance de sa compagnie. Il se précipite sur les barrages ennemis, « en tuant tous les occupants au nombre d'une dizaine et capturant un officier, dix hommes, une mitrailleuse et deux fusils-mitrailleurs. » Le soldat Jean Robert, d'une compagnie de mitrailleuses, prend, sous un bombardement intense, le commandement de sa section. Le chef de section a été blessé; les deux chefs de pièces viennent à manquer. « Pendant trois jours, perdant successivement tous ses camarades, Robert est resté à son poste; blessé à son tour, il est demeuré le seul survivant de la section. »

A côté de ces hommes, à côté de tous ceux dont les exploits ont été relevés, combien d'autres dont les hauts faits resteront ignorés : grande masse de héros anonymes, qui, chaque jour, luttent et tombent obscurément pour la Patrie!

Le Conseil général de la Vendée a eu l'heureuse inspiration de voter un crédit pour subventionner dans les communes du département les œuvres de commémoration de l'héroïsme des soldats morts pour la Patrie. Il importe que partout, au lendemain de la guerre, soit gardé pieusement le souvenir de ceux qui sont tombés au champ d'honneur. Il est nécessaire que dans toutes les mairies, des plaques de marbre conservent pour les générations de l'avenir les noms de ces héros, que des livres d'or mentionnent leurs citations et relatent leurs actes de vaillance. Il faudrait que dans chaque département fût écrit le récit des hauts faits d'armes de ses enfants; dans les écoles, les tout petits apprendraient en même temps que l'histoire de la grande guerre, les exploits de leurs concitoyens. Il faudrait que dans chaque cimetière fût élevé un monument commémoratif et que fût instituée une fête annuelle, au cours de laquelle serait célébrée la mémoire de nos glorieux morts. Blessés et mutilés y tiendraient la place d'honneur, et le rappel de leurs souffrances empêcherait de se périmer la dette de reconnaissance que nous avons contractée envers eux. Trop de fils de France se sont sacrifiés, ils ont tracé de trop belles pages de gloire pour que notre nation ne tienne pas à perpétuer le souvenir des morts et à témoigner aux survivants son admiration et sa gratitude.

II

Les Marins Vendéens.

Aussi bien que de ses soldats, la Vendée a le droit de s'enorgueillir de ses marins. Vendéens et Bretons ont été de la glorieuse phalange des fusiliers marins de l'Yser; ils ont participé à l'expédition des Dardanelles et à la campagne d'Orient. Partout, ils ont tenu haut et ferme le drapeau français.

Mais voici que l'Allemagne a inauguré l'abominable guerre sous-marine. Ne pouvant vaincre en combat loyal les flottes des pays alliés, les Allemands ont eu recours pour les affaiblir, pour essayer aussi de terroriser leurs adversaires, à un système organisé de piraterie. Leurs sous-marins ont parcouru les mers, longé les côtes, canonné ou torpillé les navires, semé des champs de mines. Aucune distinction n'est faite entre navires de guerre et bateaux de commerce, entre combattants et non-combattants.

« Des navires de toute nature quels que fussent leur pavillon, leur caractère, leur cargaison, leur destination ou leur mission, ont été brutalement coulés, sans avertissement, sans une pensée de secours ou de compassion pour ceux qui se trouvaient à bord, que ces navires appartinssent à des neutres amis ou à des belligérants.

« Même des navires-hôpitaux, des navires portant des secours aux populations si durement éprouvées de la Belgique, quoique ces navires fussent munis de sauf-conduits du gouvernement allemand lui-même pour traverser les zônes prohibées et portassent des marques d'identité non équivoques, furent coulés avec la même insouciance et la même absence de pitié.... »

Le minimum de garanties prescrit par le droit international « fut délibérément rejeté par le gouvernement allemand qui en est arrivé ainsi à fouler aux pieds tout scrupule d'humanité et tous les principes fondamentaux sur lesquels sont censées reposer les relations internationales » et à pratiquer « la destruction totale et systématique d'existences de non-combattants, hommes, femmes et enfants.... »

C'est le président Wilson qui s'exprime de la

sorte dans son message lu au Congrès des Etats-Unis, le 2 avril 1917. Nul réquisitoire plus terrible ne pouvait être prononcé contre un peuple.

Du fait des incursions sous-marines, la guerre a été transportée sur les côtes françaises. Nos vieux inscrits maritimes, nos pêcheurs, devenus par la force des circonstances des combattants, ont pris part à la lutte avec toute l'énergie de leur race. L'amirauté allemande avait annoncé que quand elle aurait mis à exécution ses menaces de guerre sous-marine, « il ne se trouverait plus un navire de commerce pour sortir des ports et risquer de telles aventures[1]. » C'était mal connaître le caractère français et surtout le tempérament des marins. Aucun bateau de pêche ne resta à son port d'attache. Bien au contraire, les autorités maritimes durent s'appliquer à éviter les imprudences des pêcheurs qui, malgré les avertissements, s'aventuraient dans les zônes dangereuses. Il n'en était pas moins vrai que des mesures de protection s'imposaient. Lorsque furent créées les stations de patrouilleurs armés et d'hydravions de la Pallice, elles eurent

1. Paroles citées par l'amiral Lacaze, ministre de la Marine, à la séance de la Chambre des députés, du 25 mai 1917.

pour mission de veiller notamment sur les côtes de la Vendée. La zône de protection dont elles étaient chargées était trop étendue. A la suite de démarches de la municipalité des Sables d'Olonne, du député de la circonscription, du préfet et de M. Guist'hau, député, ancien ministre, des stations de patrouilleurs armés et d'avions furent créées en Vendée, et la défense des côtes fut organisée sur plusieurs points. Depuis cette époque la pêche, qui avait été jusque-là assez éprouvée, fut protégée aussi largement que possible dans la région vendéenne.

***

En regard des actes de piraterie des Allemands, il importe de placer le dévouement et l'énergie dont ont fait preuve nos marins. Un exploit magnifique entre tous a été accompli en janvier 1917 par des marins de l'Ile d'Yeu allant, dans les circonstances les plus dramatiques, au secours de marins norvégiens abandonnés en mer, après la destruction de leur navire par un sous-marin allemand.

Le vapeur norvégien *Ymer* ayant été torpillé et coulé le 23 janvier sur les côtes d'Espagne, sept des hommes de son équipage étaient montés sur une baleinière. L'embarcation en détresse au large fut signalée le 26 janvier par le sémaphore de la pointe de But à l'Ile d'Yeu. Bien que la mer fût déchaînée, douze volontaires — la plupart, des hommes âgés ou infirmes — se groupèrent immédiatement et partirent sur le canot de sauvetage au secours des naufragés. Durant trois jours, par un froid extrême, sans vivres, les courageux sauveteurs luttèrent contre les éléments en furie. Lorsqu'ils purent enfin aborder la terre ferme, onze d'entre eux (six Français et cinq Norvégiens) sur les dix-neuf hommes que portait l'embarcation, étaient morts de fatigue, de faim et de froid. « C'est là, — disait le 17 mai 1917 à l'assemblée générale de la Société centrale des naufragés, M. le capitaine de vaisseau Babeau[1] — le plus tragique, le plus douloureux évènement qu'aient jamais eu à enregistrer les annales de notre société. » Et il le retraçait en termes d'une saisissante sobriété : « il s'est déroulé entre l'Ile d'Yeu et Concarneau dans les journées et les nuits des 26, 27 et 28 janvier de

1. *Annales du sauvetage maritime*, 1er et 2e trimestres 1917, pages 17, 18. Rapport sur les principaux sauvetages accomplis dans l'année.

cette année (1917) à l'heure où sévissait sur nos contrées le froid rigoureux qui a aggravé tant de misères. Au cours de ces deux affreuses journées, six canotiers sur les douze que comptait l'équipage du canot *Paul-Tourreil* de l'Ile d'Yeu sont morts de fatigue et de froid. Je suis sûr d'être l'interprète de cette assemblée en envoyant l'expression de sa très douloureuse sympathie, en même temps que l'hommage de son admiration et de ses regrets à la mémoire de ces braves qui se nomment : Pillet, Emile, 49 ans; Pillet, Edmond, 50 ans; Taraud, 47 ans; Izacard, 44 ans; Pelletier, 46 ans et Renaud, 26 ans (réformé).

Le *Paul-Tourreil* sorti à une heure de l'après-midi pour recueillir des naufragés montant une baleinière du vapeur norvégien *Ymer* torpillé au large, rejoignit rapidement ces malheureux et les prit à son bord. La mer était assez grosse et les vents droit debout contrariaient la marche du canot, qui dut mouiller vers 5 heures du soir à un mille dans le nord de l'île, afin d'attendre le renversement du courant. Pendant qu'il était au mouillage, le vent d'est fraîchissait, et à 9 heures le câble rongé par le frottement sur les roches du fond cassait, au moment où une furieuse tempête de neige et de verglas s'abattait sur la mer. Nos hommes essayèrent de lutter à l'aviron, mais bientôt épuisés, ils se décidèrent à hisser les voiles et à tenter de gagner Belle-Ile. Malheureusement la tempête les obligeait à ramasser leur voilure et le *Paul-Tourreil* devenait le jouet des flots. Trois hommes, dès cette première nuit, mouraient d'épuisement; huit autres devaient succomber successivement. Belle-Ile manquée, le patron Devaud espéra atteindre Groix : il avait pu rétablir la voilure; mais il était trop sous-venté et ce ne fut que le lendemain à midi qu'il put atterrir à l'ouest de Concarneau, dans la presqu'île de Raguénès, après être resté 48 heures à la barre par une température de plus de 10° au-dessous de zéro dans une mer démontée dont chaque vague glacée balayait l'embarcation et ajoutait aux souffrances des malheureux canotiers. Il déploya dans ces circonstances une force d'âme admirable, devant le spectacle de l'agonie de six de ses camarades et de cinq des marins étrangers qu'il avait recueillis. »

Les corps des marins français et norvégiens furent inhumés côte à côte dans le cimetière de Névez (Finistère). Les dépouilles des sauveteurs islais furent bientôt transférées par les soins de la

Société centrale de sauvetage à l'Ile d'Yeu, où eurent lieu le 2 mai 1917 des obsèques solennelles[1]. La presse française[2] et étrangère avait appelé l'attention du monde entier sur la vaillance et l'abnégation dont avaient fait preuve les héroïques marins de l'Ile d'Yeu. La Société centrale de sauvetage[3], la Ligue du souvenir de la France à ses marins, le Comité départemental de secours de Vendée, le Département de la Vendée, firent parvenir des secours aux familles des victimes, ou adressèrent des témoignages de gratitude aux sauveteurs survivants.

La Norvège, elle, tint à manifester de façon éclatante sa reconnaissance pour nos marins, et à affirmer en même temps sa sympathie pour notre pays. Aidé par la presse, le gouvernement norvégien organisa au profit des sauveteurs une souscription qui atteignit plus de 200.000 fr. et prit

1. Les obsèques furent célébrées en présence des représentants de la Société, du ministre de la Marine, du sous-secrétaire d'Etat de la Marine marchande, de l'administration préfectorale et de la municipalité.

2. Le *Matin* n° du 16 février 1917; l'*Illustration* n° du 10 mars 1917.

3. La Société attribua à chacune des veuves des marins sauveteurs une pension de 500 francs, augmentée de 150 francs par enfant de moins de 16 ans.

ainsi « le caractère d'une manifestation nationale[1]. » Le ministre de Norvège à Paris, le baron de Wedel Jarlsberg, se rendit officiellement à l'Ile d'Yeu le 18 juin 1917 avec le haut personnel de sa légation[2] pour remettre aux marins islais ou à leurs familles les récompenses décernées par le roi de Norvège et le produit de la souscription. Il était escorté du préfet de la Vendée, représentant du Gouvernement français, des délégués du ministre de la Marine et du sous-secrétaire d'Etat de la Marine marchande, de MM. le Dr Pacaud, député des Sables d'Olonne, Hugues Le Roux, rédacteur au *Matin*, Rousseau, rédacteur au *Temps*, et des représentants de la presse norvégienne et de la presse régionale française.

Ce fut une cérémonie particulièrement impressionnante que celle à laquelle présida le ministre de Norvège. Désireux de s'associer au caractère de grandeur et de solennité qu'avait voulu lui donner le ministre[3], le Gouvernement français

1. Discours du baron de Wedel Jarlsberg à l'Ile d'Yeu.
2. Le colonel L'Orange, attaché militaire et M. de Bentzon, conseiller de légation.
3. « Le ministre Wedel Jarlsberg, avec le sentiment sûr et intelligent qu'il était le représentant non seulement

avait mis à la disposition de ce dernier deux vedettes armées et un torpilleur que survolaient trois avions. Dès son débarquement, le ministre veut se rendre au cimetière. Aux six marins sauveteurs, que lui présente le maire, il confie les couronnes commémoratives en bronze ciselé, portant l'inscription « La Norvège reconnaissante » qu'il va déposer sur les tombes des marins islais victimes de leur dévouement. Et un long cortège s'achemine vers le petit cimetière de l'île. Là, le ministre place lui-

des milliers de Norvégiens qui ont donné leur obole aux sauveteurs et aux survivants de l'Ile d'Yeu, mais aussi le représentant des marins norvégiens, du peuple norvégien tout entier, d'une extrémité à l'autre du pays, uni comme jamais — a voulu donner à cette cérémonie une empreinte de grandeur et de solennité comme il convient à deux nations qui se saluent dans un temps difficile et critique.

« Par suite de la grande influence et de l'estime que le ministre a su gagner par son tact et ses capacités, et par suite également de la sincère et cordiale amitié qui existe entre les deux pays, encore renforcée par la guerre, il va de soi que les autorités françaises de leur côté ont fait tout ce qu'elles pouvaient pour souligner ce qu'il y avait de grandeur dans l'acte de reconnaissance envers les sauveteurs, les marins, et les vivants. » (Extrait de l'article publié dans le journal norvégien l'*Aftenposten* par son envoyé spécial le docteur Froïs Froïsland, sous le titre « La Reconnaissance de la Norvège aux marins de l'Ile d'Yeu. » (Traduction dûe à l'amabilité du consul de Norvège à Nantes).

même chaque couronne sur la tombe d'un marin, tandis que les familles des disparus, secouées de sanglots, font entendre de longs gémissements.

Le spectacle est poignant et c'est le cœur serré par l'émotion que nous quittons le cimetière. Au retour, nous croisons devant l'hôpital quelques Sénégalais, échappés de la catastrophe du *Séquana*, paquebot torpillé quelques jours avant, dans les parages de l'Ile d'Yeu. C'est l'antithèse vivante entre le dévouement des sauveteurs Français et la piraterie des Allemands.

Sur la place de la mairie, une estrade est préparée pour recevoir le ministre et les personnes qui l'accompagnent. Prenant la parole, le baron de Wedel Jarlsberg rend hommage à la vaillance des marins de l'Ile d'Yeu. Et en termes dont la valeur est renforcée par les circonstances, il ajoute :

« De ces braves, les uns ont donné leur vie, les autres ont risqué la leur pour sauver et non pour tuer. Voilà la France!

« Par leur héroïque sacrifice les marins de l'Ile d'Yeu ont glorifié l'humanité et magnifié le nom de leur Patrie. Les vrais marins ont des lois qui sont communes à tous ceux qui pratiquent la lutte magnifique de l'homme contre l'élément. Ils ont le même culte de l'honneur, le même sentiment fraternel de l'assistance que l'on se doit, même dans les épreuves de la guerre, entre marins.

« Le culte de l'honneur des marins, il existe dans vos cœurs, chers marins Français de l'Ile d'Yeu. Il s'éclaire de toutes les grandeurs du sacrifice, de l'héroïsme toujours prêt à voler au secours de vos frères de la mer, et c'est parce qu'une fois de plus vous venez de donner le spectacle de ce merveilleux dévouement que je suis ici aujourd'hui. »

Puis, le ministre annonce que pour commémorer l'action des sauveteurs islais, le Gouvernement norvégien a créé deux prix annuels de 400 francs destinés à récompenser des habitants ou des habitantes de l'île qui se seront signalés par leur courage et leur noble conduite. Un monument sera érigé dans l'île pour perpétuer le souvenir du sauvetage des marins de l'*Ymer*. A chacun des sauveteurs survivants le ministre décerne au nom du roi de Norvège une médaille « de noble conduite. » Il lui donne un titre de rente de huit cents francs, et une bourse contenant cinq cents francs nouée aux couleurs de la France et de la Norvège. C'est maintenant au tour des veuves de recevoir les mêmes sommes. L'une d'elles, qui porte dans les bras un enfant nouveau-né, s'avance vers l'estrade. « Attendez, je vais descendre, » dit le ministre, et avec une grâce charmante, c'est lui qui va vers elles, vers leurs enfants orphelins.

Le Dr Pacaud et le préfet remercient le ministre, le premier au nom de la population de l'Ile d'Yeu, le second au nom du Gouvernement. Le directeur de l'Inscription maritime de Bordeaux, délégué du sous-secrétaire d'Etat de la Marine marchande, distribue aux sauveteurs les médailles de sauvetage qui leur ont été conférées par le Gouvernement français : médaille de sauvetage en vermeil au patron Noë Devaud, médailles en argent de première classe à ses compagnons Oscar Plessis, Pierre Gérard, Jean-Baptiste Tonnel, Emmanuel Turbé et Alexandre Gouillet.

Tous ces braves gens assistèrent au déjeuner offert au ministre. Avec quelle simplicité ils accueillirent les louanges qui leur furent adressées, le maître écrivain Hugues Le Roux, envoyé spécial du *Matin*, va le dire dans le vibrant article qu'il a consacré à la cérémonie[1]. « Ceci doit faire le tour du monde. Le patron de la barque héroïque, Noé

1. Le *Matin*, n° du 19 juin 1917.

Devaud, à côté de qui j'étais assis au banquet me dit :

« Je suis resté à ma barre trente et une heures sans m'assir (*sic*), cinquante et une heures sans manger. Mon beau-frère Pillet, dont vous avez vu la femme à genoux sur la tombe avec un petit enfant qui est né huit jours après la mort du père, s'est trouvé près de moi au dernier moment. Il m'a dit : « Je n'en peux plus. Adieu vat! » Il est mort avec des glaçons qui l'enveloppaient. C'est le destin du marin. Le fait est que, quand nous sommes sortis, nous ne savions pas que c'étaient des Norvégiens qui étaient en péril, nous savions seulement que c'étaient des marins qui étaient en détresse. Si ç'avait été des Allemands qu'on aurait trouvés dans l'embarcation, on les aurait secourus tout de même! ça se doit! »

« Et voilà ce qu'il faut que la France et le monde entendent. »

Les marins de l'Ile d'Yeu avaient au péril de leur vie sauvé des étrangers, victimes du torpillage d'un sous-marin allemand. C'est un exploit d'un autre ordre qu'accomplirent des marins du port des Sables d'Olonne. Un petit bateau, le *Hyacinthe-Yvonne*, armé seulement d'un canon de 47, était le 18 mars 1917, en surveillance de pêche, lorsqu'il fut canonné par un sous-marin ennemi surgissant à 300 mètres à peine. Il était environ midi et, dans une randonnée de trois heures à partir de l'Ile d'Yeu, le sous-marin avait déjà coulé trois bateaux : *Félicité-Albert*, *Madone* et *Entente-Cordiale*. Le *Hyacinthe-Yvonne* faisait ce jour là sa première sortie comme bateau armé ; il avait exécuté l'avant-veille seulement ses exercices de tir. Le second coup de canon envoyé par le sous-marin touche le dundee à son étrave tribord. Néanmoins, et malgré la faiblesse de ses moyens d'attaque, le *Hyacinthe-Yvonne* n'hésite pas à accepter le combat. Tandis que sur le sous-marin deux hommes manœuvrent le canon et que trois autres déchargent leurs revolvers, les matelots du dundee mettent en batterie leur pièce. Le canonnier Vichon, un tout jeune homme, tire sur le sous-marin ; il tire sans discontinuer, alors que dans le bateau qui commence à s'enfoncer il a de l'eau jusqu'à la ceinture. Et son servant, Georges Butaud, aussi calme que lui, de lui crier : « Presse-toi pas! » Atteint dès les premiers coups, le sous-marin pique du nez, le gouvernail en l'air. Il disparaît au bout de vingt minutes, laissant à la surface une large nappe d'huile. Dans un duel inégal, le chalutier avait eu raison du sous-marin. Le *Hyacinthe-Yvonne*, blessé dans ses œuvres vives, s'enfonçait bientôt après dans la mer; son équipage pouvait s'embarquer sur le bateau de pêche le *Pierre-Emile*, du port des Sables d'Olonne, qui avait assisté au combat.

A la tribune de la Chambre des députés (séance du 25 mai 1917) l'amiral Lacaze, ministre de la Marine, répondant à une intervention du Dr Pacaud, député des Sables d'Olonne, rendit hommage au brillant fait d'armes des marins du *Hyacinthe-Yvonne*. Le patron du bateau, le matelot Cuiziat, fut nommé second maître et reçut la médaille militaire et la croix de guerre. Le matelot Vichon fut nommé quartier-maître; lui et ses camarades, les matelots Monneron, Butaud, Petitot, Philibert, obtinrent la croix de guerre. Assisté de son état-major, du préfet de la Vendée et du sous-préfet des Sables d'Olonne, l'amiral Nicol, préfet maritime de Rochefort, vint remettre aux vaillants marins les distinctions honorifiques qu'ils avaient si bien gagnées. « Vous êtes des braves gens » leur dit-il en ce langage simple et fort que comprennent les marins.

Une autre cérémonie devait suivre celle-là. Une souscription publique ayant été ouverte dans la presse parisienne pour récompenser les combattants de la marine marchande, une somme de 25.000 francs provenant des fonds recueillis, fut attribuée aux hommes de l'équipage du bateau sablais. Cette somme leur fut apportée le 20 juin 1917 à l'hôtel de ville des Sables par le vice-amiral Fournier, qu'entouraient les membres de la municipalité, les autorités sablaises, le Dr Pacaud, député, le préfet de la Vendée et le sous-préfet des Sables. L'héroïsme des marins fut célébré par le préfet, le Dr Pacaud, et le vice-amiral Fournier. Ce dernier sut gagner le cœur des braves matelots en les appelant « ses chers camarades » et en déclarant que les dangers courus en commun créaient entre les marins, du dernier matelot à l'officier le plus élevé en grade, une véritable fraternité[1].

1. Les matelots de l'*Hyacinthe-Yvonne* devaient encore bénéficier d'une subvention de 2.000 francs votée à leur profit par le Conseil général de la Vendée. L'Assemblée départementale avait également voté une somme de

***

En octobre dernier, le président de la République alla à Lorient remettre des récompenses aux survivants du voilier *Kléber*, qui, comme l'*Hyacinthe-Yvonne*, avait lutté à armes inégales contre un sous-marin. Le *Kléber*, trois mâts goëlette du port de Cancale, voguait vers La Rochelle avec une cargaison de charbon, lorsqu'au large de l'île de Groix il est canonné par un sous-marin allemand. Il riposte avec sa petite pièce de 47 aux obus de 105 tirés par le pirate. Le capitaine Le Fauve et le second Plessix sont tués. Le maître d'équipage Monnier, originaire de l'île de Noirmoutier, prend le commandement, et exécutant les décisions arrêtées par le second capitaine, il fait mettre les embarcations à la mer, ne gardant auprès de lui que le canonnier Jain et son servant Bazile. Le sous-marin croit que le voilier ne renferme plus que des morts ou des blessés et il s'en approche à 300 mètres. Le *Kléber* recommence alors le feu. Le canonnier tire

3.000 francs pour les marins sauveteurs de l'Ile d'Yeu. Un journal italien *Marina Mercantile* raconta l'exploit des marins du *Hyacinthe-Yvonne* et ouvrit une souscription qui produisit la somme de 2.333 francs.

sans arrêt, s'épuisant au point que le sang lui sort des oreilles et lui inonde la figure. Aveuglé, il est obligé de s'arrêter. Son servant est blessé. Resté seul valide à bord, Monnier se met à la pièce jusqu'à ce que le sous-marin cesse le combat, après avoir été sérieusement atteint.

Le *Kléber* fut cité à l'ordre de l'armée, ainsi que ses douze hommes d'équipage. Sept de ceux-ci obtinrent la médaille militaire. Quant à Monnier, il reçut la croix de chevalier de la légion d'honneur pour avoir « fait preuve d'une énergie et d'un courage hors pair dans la défense de son navire, le voilier *Kléber*, contre un sous-marin » et avoir « sauvé son bâtiment. »

Comme Noë Devaud, comme Cuiziat, Monnier a bien mérité de la Patrie; et de lui aussi, la Vendée peut être fière.

III

Les Blessés.

C'est à la fin d'août 1914 qu'arrivèrent en Vendée les premiers convois de soldats blessés. En une semaine, 1.500 blessés furent dirigés sur le département. Il fallut, en hâte, prévoir l'organisation d'ambulances pour dégager les grands hôpitaux déjà créés. Communes et particuliers rivalisèrent à l'envi pour offrir des immeubles à l'administration préfectorale ou au service de santé. Toutes les localités auraient voulu avoir des blessés en traitement ou en convalescence. Si nombreuses furent les offres que beaucoup ne purent être retenues. Elles n'en permirent pas moins la constitution de formations sanitaires dans les diverses parties du département.

A côté des hôpitaux mixtes de La Roche-sur-Yon, Fontenay-le-Comte, Les Sables d'Olonne, Luçon; des hôpitaux temporaires établis dans les trois chefs-lieux d'arrondissement, à Luçon et à Saint-

Laurent-sur-Sèvre; des hôpitaux auxiliaires de la Croix-Rouge et des Femmes de France fonctionnant à La Roche-sur-Yon, Fontenay-le-Comte, Challans et Les Sables d'Olonne — des ambulances ou filiales furent créées dans 37 communes[1].

Des cantines furent installées dans plusieurs gares[2]; alimentées par les habitants, elles ravitaillèrent abondamment blessés et soldats, au passage des trains.

L'empressement des populations fut tel que, dans une commune (La Chaize-le-Vicomte), la municipalité, assumant double charge, délogea de son

1. La Chaize-le-Vicomte, Chavagnes-en-Paillers, Sigournais, Chantonnay, Bournezeau, Puybelliard, Mortagne-sur-Sèvre, La Verrie, Les Essarts, Les Herbiers, Mouchamps, Le Poiré-sur-Vie, Belleville, Saint-Denis-la-Chevasse, Rocheservière, Mormaison, Saint-Fulgent, Sainte-Hermine, Saint-Hilaire-des-Loges, Maillezais, Pouzauges, Thouarsais-Bouildroux, Chaillé-les-Marais, Champagné-les-Marais, La Châtaigneraie, Saint-Maurice-le-Girard, Mouilleron-en-Pareds et Saint-Germain-l'Aiguiller, Faymoreau, Saint-Mesmin, Les Moutiers-les-Mauxfaits, Angles, Champ-Saint-Père, Jard, Saint-Gilles-sur-Vie, Saint-Jean-de-Monts, Palluau, Les Sables d'Olonne. MM. les docteurs Périer et Pacaud, députés, acceptèrent d'être les directeurs et les médecins-traitants des filiales établies dans les communes de Champagné-les-Marais et d'Angles qu'ils administrent comme maires.

2. La Roche-sur-Yon, Montaigu, Nalliers, Nesmy.

hospice les 50 vieillards qui y étaient recueillis et les mit en pension à ses frais chez les habitants pour les remplacer par des blessés. Dans telle autre commune (Champagné-les-Marais), les femmes de mobilisés admises à l'allocation militaire acceptèrent de nettoyer et d'entretenir à tour de rôle, sans rémunération, le linge des blessés et celui de l'ambulance. Dans les plus petites agglomérations, comme dans les villes, s'ouvrirent des souscriptions dont le produit permit, soit d'assurer la création et le fonctionnement d'hôpitaux ou de filiales, soit de venir en aide aux formations sanitaires créées dans d'autres localités.

De toutes les communes partirent à destination des hôpitaux, de véritables chargements de linge, d'effets d'habillement et de provisions. Dans toutes, des comités ou des personnes dévouées se chargèrent de recueillir les dons. C'est ainsi qu'à la demande du préfet et de l'inspecteur d'académie, les instituteurs et institutrices acceptèrent de réunir pour le compte du Comité départemental de secours, du linge et des effets d'habillement, et en firent une collecte des plus copieuses. Auprès des divers hôpitaux s'étaient constitués des comités, et, grâce à leur action, les formations sanitaires bénéficièrent d'abondantes libéralités. Partout, des infirmières bénévoles accoururent dès la première minute et donnèrent au corps médical, avec une continuité d'efforts et un dévouement admirables, une aide précieuse.

L'une d'entre elles, qui, depuis le début, n'a cessé de prodiguer ses soins à nos blessés, Mlle Guénon, professeur au Lycée de La Roche-sur-Yon, a, en une page pleine d'émotion[1], évoqué ses souvenirs d'infirmière. Reproduire ses notes, ce sera montrer non pas seulement de quelle vaillance, de quelle belle humeur savent faire preuve nos soldats au milieu des pires souffrances, de quelle sollicitude ils ont été entourés dans les hôpitaux, mais aussi quelle impression profonde a causée dans les régions les plus éloignées du front la venue des premiers blessés. La scène se passe le 26 août 1914; un train de blessés vient d'arriver en gare de La Roche-sur-Yon. Après avoir participé à une distribution de vivres à ces malheureux, épuisés de fatigue, après avoir assisté au milieu d'une

1. Notes d'une infirmière. *Bulletin de l'Association amicale des anciennes élèves de l'Ecole Normale d'Institutrices de la Vendée*, n° 21. La Roche-sur-Yon. Imprimerie E. Hamonnet, 1915.

foule frémissante à leur transport vers les hôpitaux, Mlle Guénon entre en fonctions à l'Ecole Normale de filles, devenue l'hôpital 13. « La porte ouverte avec hésitation, je me trouvai en présence d'un dortoir où de petits lits blancs étaient occupés, non par des élèves, mais par des soldats. Des soldats!... Je me sens un peu gênée, mais ma gêne passe si vite! Quel que soit leur âge et de quelque milieu qu'ils nous arrivent, nos blessés furent tout de suite et sont demeurés nos enfants ou nos frères; ils étaient tous si délicats et si discrets!

« De ces lits, d'ailleurs, aucune plainte ne s'élevait : chacun attendait son tour. Le major, manches retroussées, examinait les blessures. Il lui faut de l'aide; vite, une blouse blanche, un tablier, et à l'ouvrage. Les pansements sont pénibles à faire et douloureux à l'excès. Les chers petits ont déjà été soignés, mais sur le champ de bataille où l'on était talonné par la crainte de l'arrivée de l'ennemi. Ces pansements n'ont pas été renouvelés en cours de route et le voyage a duré quatre jours! Mais nous n'avons pas à encourager ces braves; ce sont eux qui nous soutiennent, et pourtant!

« Celui-ci, blessé aux yeux, attend sans murmure l'arrivée de l'oculiste, il a 23 ans, nous l'avons su plus tard; on dirait un vieillard. Je découvre à son voisin une blessure tellement horrible dans l'intérieur de la main, que je ne puis retenir un cri. « Ce n'est rien, vous allez voir autre chose, » me dit le cher enfant, et, avec le plus grand calme, il retourna la main blessée dont le dessus n'est plus que débris bleuâtres et purulents de chair et d'os. Et pendant toute la durée d'un pansement extrêmement douloureux, on n'entend pas une plainte; de la pâleur, quelques grincements de dents accusent seuls la souffrance; pas un cri, pas une larme, et cet enfant a 20 ans!

« Cet autre, blessé horriblement à la cuisse, plaisante pendant que tout son corps frémit sous la douleur, et quand la teinture d'iode coule dans sa plaie, il dit en riant : « Oh! ce n'est pas de jeu, vous l'avez fait chauffer. » C'est lui qui, quelques jours plus tard, fatigué par la fièvre, se cachera sous ses couvertures pour qu'on ne le voie pas souffrir; il ne se montrera, dit-il, « qu'avec le sourire. »

« Mais voici qu'il faut user du bistouri; un éclat d'obus est resté dans une jambe. Il n'y a pas encore de service radiographique organisé, on va couper un peu au hasard. Ce grand garçon, svelte comme une jeune fille, souffre terriblement et fait trembler son lit, mais il ne crie pas. Il se contente d'un « hé bé! » énergique, car c'est un Bordelais, et c'est tout. Il souffrira longtemps, il restera de longs mois avec nous et c'est lui que nous appellerons plus tard « le petit. »

« Un autre, c'est un caporal celui-là, et il en est assez fier, car il n'a pas vingt ans, nous montre ce qui reste de ses vêtements : une jambe de pantalon et une moitié de tunique en loques souillées de boue et de sang. Un obus a enlevé le reste, déchiquetant la jambe. Il a plus de quatre balles dans le corps : cela fera tous les matins neuf plaies à soigner. Quelles souffrances pendant le premier pansement si long et si difficile! Mais un colonial ne doit pas se plaindre et le cher petit se raidit contre la douleur; son courage est vraiment impressionnant. Comme cet enfant doit être beau quand il monte à l'assaut!

« Et nous allons ainsi de lit en lit jusqu'à la fin, le cœur serré à la vue des souffrances, mais l'âme singulièrement réconfortée par tant de courage. Moi qui depuis la mobilisation crains tant pour notre pays, je comprends maintenant, devant cette gaie vaillance que la France ne peut pas être vaincue.

« Nos chers blessés! Les soins de propreté que nous devons donner aux plus atteints nous révèlent les terribles fatigues endurées; les privations de toutes sortes les rendent sensibles aux attentions que nous avons pour eux, et le premier repas que nous leur servons, avec les gâteries du dessert, est accueilli avec des gestes et des mots de gentille reconnaissance. »

L'élan et la générosité apportés par les Vendéens pour le soulagement de nos glorieux blessés leur ont valu de la part de nos soldats des témoignages touchants de gratitude. Mme Palanque, directrice de l'Ecole Normale de filles, a publié[1] quelques-unes des lettres qu'elle-même, ses professeurs ou ses anciennes élèves, avaient reçues des blessés qu'elles avaient soignés à l'ancien hôpital 13 de La Roche-sur-Yon, installé dans les locaux de l'Ecole. Ces lettres, pleines de cœur et souvent d'esprit, sont un précieux témoignage de la reconnaissance de nos petits soldats, en même temps que de leur entrain et de leur crânerie.

1. *Bulletin de l'Association Amicale des Anciennes Elèves de l'Ecole Normale d'Institutrices de la Vendée*, n° 21. — La Roche-sur-Yon, *Imprimerie Moderne*, E. Hamonnet, 1915.

C'est un sergent d'infanterie coloniale[1] qui écrit : « Marseille 4 avril 1915. Je suis en route pour le front. Mais avant de rentrer dans la fournaise, je tiens à vous remercier (pourrai-je le faire encore!) de toutes vos attentions pour moi. Le souvenir m'en est précieux. Il me réconforterait si jamais je perdais courage.... Mais je ne perdrai rien du tout... ils n'auront pas ma peau. — Du front, 10 avril 1915. Votre petit blessé est retourné au feu; il y fera vaillamment son devoir en pensant à vous. Il vous envoie du front tous ses remerciements ainsi qu'à vos gentilles élèves qui ont travaillé pour lui. Toute ma vie je garderai au fond du cœur le souvenir des soins que vous avez eus pour tous vos « enfants » blessés et pour moi en particulier. — 26 août 1915. Je ne puis laisser passer ce jour sans me rappeler qu'il est celui de mon arrivée lamentable à La Roche-sur-Yon. Quand je vous ai quittée, j'étais guéri... et si le physique était bon, le moral était, grâce à vous toutes, et en particulier à vous et à Mme Rigalleau, absolument épatant. Vous avez largement contribué, Madame, à rendre un petit soldat à la France.

1. Bonmarchand, sergent au 22e colonial.

Ce soldat fait tout ce qu'il peut pour être digne de votre affection! » Et le brave garçon, quittant la Champagne, indique qu'il abandonne ce pays, le cœur serré en pensant : « Les camarades qui sont tombés là n'auront plus nos soins sur leurs pauvres tombes. » « Qui fleurira, ajoute-t-il, nos pauvres frères enterrés près du pont de Minaucourt? Si vous aviez pu voir comment ces champs de morts étaient entretenus, vous en auriez été sûrement touchée. Tous ont une fleur sur leur tombe. Ils étaient notre gloire, nous servant d'exemple depuis des mois, et demain rien. »

Tous les anciens blessés ont à cœur de se montrer dignes des bontés qu'ont eues pour eux leurs infirmières. « Votre souvenir restera gravé en ma mémoire, dit l'un d'eux[1]. Remerciez aussi les nobles dames qui sont avec vous et vous leur direz que les petits soldats français de l'hôpital 13, combattront comme des hélites (*sic*) en pensant à elles. » — « Pour sûr, je ne vous oublierai jamais, écrit un autre[2], et je serai heureux de vous faire honneur à l'assaut. Je vous dois bien ça.... » —

1. Jules Glorieux, du 1er lourd.
2. J. Martin, colonial.

Tel soldat, originaire des pays envahis[1], a hâte de partir sur le front et d'en chasser « ces sales boches. » « Il n'y a qu'une chose qui m'embête, déclare-t-il, c'est que j'ai peur d'arriver trop tard. Je voudrais être de la fête. Je serais si heureux et si fier de vous écrire que, pour ma part, j'ai fait du bon travail. » Un autre écrit encore : « ... Les boches paieront cher ma première blessure ; je serai sans pitié, sans quartier pour eux, et ce ne sera que justice, ils ont fait tant de mal, les misérables ! — J'ai espoir de revenir à La Roche, à l'hôpital 13, non en blessé, mais en vainqueur, chargé de trophées glorieusement conquis. »

Et quelle bonne philosophie chez les uns et les autres ! « Si je suis blessé, écrit un colonial[2], tout ce que je désire sait (*sic*) de venir dans votre cher hôpital dont je pense tous les jours et boire un peu de malagas (*sic*) dans mon grand lit blanc. »

« Il y a aujourd'hui, dit un méridional[3], juste un an que le major taillait des bifteacks... au haut de

1. Camille Cochet, brigadier trompette au 1er lourd.
2. Ferrié, soldat au 22e colonial.
3. Lagrange, brancardier au 22e territorial.

ma cuisse. Grâce à vos soins, le Bol de lait[1] est toujours là... et il a le sourire. »

« J'ai le plaisir, écrit un convalescent, de vous apprendre que je suis nommé caporal en attendant d'être général. Je suis en repos dans une caserne et je couche dans un bon lit. Nous reprenons des forces, et peu à peu, nous redevenons nous-mêmes, moins sauvages et moins grossiers. Quand nous serons remis à point, gros et forts, nous repartirons à l'attaque, c'est simple et intéressant. Pourquoi se faire du chagrin? J'ai complètement oublié les dernières horreurs et ne vois plus que le beau côté de la bataille. »

Comme ils savent se rendre justice les uns aux autres! « Maintenant nous n'avons plus tant de « boulot, » écrit un artilleur[2], car c'est surtout l'infanterie qui travaille et je vous assure qu'elle fait de la bonne besogne, mais qu'est-ce qu'ils prennent les pauvres copains. Nous autres, artilleurs, nous ne sommes pas trop à plaindre, car nous n'avons que l'artillerie à craindre, tandis que les fantassins ont tout contre eux. Malgré ça,

1. Surnom donné à l'hôpital, à Lagrange, qui était Bordelais.
2. Cochet, brigadier au 1er lourd.

ils y vont de bon cœur, c'est incroyable le courage qu'ils ont. Je les ai vu partir à l'attaque le sourire aux lèvres et en chantant. Je vous assure que tous les fantassins auront mérité la croix de guerre et le respect de tous les Français. »

Le même soldat, après avoir raconté ses misères, dit encore : « Malgré çà nous ne nous plaignons pas, car nous savons que nos petits fantassins qui sont dans les tranchées, sont encore bien plus malheureux que nous. Ceux-là, Madame, je vous assure, auront bien mérité de la Patrie; personne ne saura jamais tout ce qu'ils ont souffert[1]. »

Quels braves cœurs et comme l'on comprend l'attachement qui leur était témoigné!

1. Lettre du 27 décembre 1915, *Bulletin de l'Instruction primaire de la Vendée*. Lettres du front, pp. 45 et suiv.

IV

Les Réfugiés.

Les départements de l'Ouest, par suite de leur éloignement du théâtre des hostilités, étaient tout désignés pour donner l'hospitalité aux victimes de l'invasion allemande; ils l'ont offerte à des réfugiés de toutes natures. C'étaient les dépôts des régiments du Nord et de l'Est qui étaient repliés sur cette région; c'étaient les vieillards et les malades d'établissements hospitaliers, qui, par mesure de précaution, étaient dirigés vers nos paisibles contrées; c'étaient les lamentables théories d'habitants de la Belgique et du Nord de la France, chassés de leurs demeures!

La Vendée reçut ainsi, dans ses villes de La Roche-sur-Yon, de Fontenay-le-Comte et de Luçon, un dépôt d'artillerie lourde et deux dépôts de chasseurs à pied. Le personnel hospitalier de l'hospice de Pontoise fut transféré avec ses services de direction à Saint-Laurent-sur-Sèvre. Des aliénés des asiles d'Armentières et de Moisselle furent envoyés à l'asile départemental de La Grimaudière.

La Vendée fut appelée aussi à servir de lieu d'abri à des milliers de réfugiés belges et français. A ces pauvres gens, qui furent répartis sur tous les points du département, les habitants montrèrent, lors de leur arrivée, la même sollicitude émue dont ils avaient fait preuve vis-à-vis des blessés.

Les premiers réfugiés étaient attendus au commencement de septembre 1914. A cette occasion, le préfet adressa aux populations vendéennes un appel pour leur demander de réserver à nos alliés et à nos compatriotes un accueil fraternel. 230 communes s'engagèrent immédiatement à donner asile à plus de douze mille personnes.

Des réfugiés ne furent dirigés sur la Vendée qu'à la fin d'octobre 1914. Ne comptant plus sur leur venue, beaucoup de municipalités ou d'habitants avaient déjà disposé au profit des blessés, des ressources en argent ou en nature qui avaient été recueillies pour les réfugiés. La réception faite à ceux-ci ne fut pas moins chaleureuse. N'était-ce pas un spectacle poignant que l'exode de ces malheureux dont les foyers avaient été détruits, et qui, après un long voyage, arrivaient défaits, minables, démunis de tout? Certains avaient vu mourir, en cours de route, de jeunes enfants. La plupart étaient séparés d'autres membres de leurs familles et se demandaient avec angoisse s'ils les retrouveraient jamais. Devant une telle détresse matérielle et morale, les cœurs se serrèrent de pitié et l'hospitalité se fit large et généreuse.

Du 22 octobre 1914 au 13 février 1917, 6.451 réfugiés formant onze convois, furent évacués sur la Vendée. A ce chiffre il y a lieu d'ajouter celui des personnes qui vinrent isolément. On peut estimer au total à une dizaine de mille le nombre des réfugiés qu'a hospitalisés le département.

Les derniers convois étaient formés de rapatriés des régions occupées par l'ennemi (communes des départements de Meurthe-et-Moselle, du Nord, du Pas-de-Calais, de l'Aisne et de la Somme). Tous ceux qui reviennent ainsi, après avoir vécu pendant de longs mois sous la botte de l'envahisseur, après avoir été séparés d'une partie de leur famille, après avoir souffert du manque de vivres, malgré l'aide précieuse du ravitaillement américain, tous ceux-là, hommes âgés, femmes et enfants, n'ont ni faiblesse, ni découragement. Ils décrivent à leur arrivée les misères qu'ils ont endurées, mais ils s'empressent d'ajouter qu'à aucun moment ils n'ont douté de la France et que leur confiance en la victoire de notre pays n'a jamais été entamée. Admirable spectacle donné par des personnes qui, dans leur détresse, n'ont qu'une pensée : faire partager leur foi patriotique aux habitants de provinces éloignées du front, et les réconforter, s'il en était besoin.

A l'heure actuelle, il reste en Vendée plus de 4.500 réfugiés, dont 2.600 Belges, 1.800 Français et un certain nombre d'étrangers de diverses nationalités.

Sauf dans une ou deux communes où il y eut une installation collective, les réfugiés ont eu partout des logements distincts. Les habitants leur ont donné des lits, leur ont fourni des vêtements et du linge, leur ont procuré des denrées. Des municipalités ont installé pour eux des cantines. Des paysans ou des ouvriers se sont gênés pour leur céder des chambres. Des maisons inhabitées ont été mises complètement à leur disposition. Durant de longs mois, aucun loyer ne leur a été demandé.

Ils ont reçu, par ailleurs, d'importants secours, provenant du Gouvernement, du Comité franco-belge de Paris, du Comité officiel belge de secours de Sainte-Adresse et de diverses associations. Le Comité franco-belge de Paris envoya en 1915, pour les réfugiés belges, au Comité franco-belge de Vendée 11.000 francs, 1.400 coupons d'étoffes diverses pour les femmes, et des vêtements pour les hommes et les enfants. Le Comité de Sainte-Adresse donna pour ses compatriotes une première fois 9.000, une seconde 4.500 francs. L'Etat alloua de son côté, pour venir en aide aux réfugiés français, des secours qui atteignent à ce jour le chiffre de près de 38.000 francs. Quelques envois d'argent furent faits, en outre, par les Comités des réfugiés du Nord, des Ardennes et de la Marne pour les originaires de ces départements. Réfugiés français et belges bénéficièrent de secours en argent ou en nature attribués par le Comité départemental de secours et du produit de souscriptions ouvertes ou de représentations données dans le département[1].

1. Le Comité départemental de secours a donné pour les réfugiés 4.600 francs en espèces et une quantité importante de linge et de vêtements. Le reliquat de la souscription ouverte en Vendée pour envoyer du blé aux départements envahis (2.070 fr. 30) a été attribué aux réfugiés reçus dans le département. Les réfugiés hospitalisés dans l'arrondissement de Fontenay-le-Comte ont

Ils profitèrent aussi de libéralités en nature (jouets et vêtements) des Etats-Unis et de l'American Relief Clearing House (Comité central des secours américains à Paris).

Le chef du service des réfugiés de la préfecture, M. Lanco, archiviste départemental, visite fréquemment les réfugiés et s'assure que leurs logements sont convenables et qu'ils ne sont pas dans le dénuement. Il vérifie également s'ils ont des occupations en rapport avec leurs aptitudes.

Il fallait, en effet, s'efforcer d'obtenir d'eux qu'ils ne perdent pas l'habitude du travail régulier. Ce n'était pas assez de décider la suppression de l'allocation aux réfugiés refusant sans motif valable les offres d'un travail convenablement rémunéré. Pour les stimuler, il était bon d'établir, en outre, une sorte de prime au travail, l'allocation dont ils jouissent ne devant être supprimée que si leur salaire était suffisamment élevé. En Vendée, cette prime fut fixée d'une façon large, en janvier 1915, par l'administration préfectorale. Le salaire se cumule avec l'assistance s'il n'atteint

bénéficié en 1916 du produit d'une souscription ouverte en leur faveur et qui a rapporté plus de 3.000 francs.

pas une limite fixée pour les hommes à 4 francs dans les villes de La Roche-sur-Yon, les Sables d'Olonne, Fontenay-le-Comte et Luçon, à 3 fr. 50 dans les autres communes; pour les femmes à 3 francs ou à 2 fr. 50, suivant la même distinction.

Il a pu y avoir, dans certains cas — et par la force des choses, il ne pouvait en être différemment — certaines difficultés d'adaptation au milieu, de la part des réfugiés. Mais il convient de reconnaitre que dans la plupart des communes, ils vivent en bon accord avec les populations et qu'ils s'efforcent de se rendre utiles, en participant à la vie économique du pays.

Les réfugiés belges ont reçu dans les divers départements français où ils étaient hospitalisés, la visite de membres ou de délégués du Gouvernement belge. En Vendée, ce sont MM. Melot, député de Namur, et de Pauw, chef de cabinet du ministre de la Guerre belge, qui, se rendant dans les principaux centres de groupements de réfugiés, ont apporté à leurs compatriotes aide et réconfort. M. Pierre Mille a consacré dans le *Temps*, à ces visites, une savoureuse chronique[1]. La scène se

1. Le *Temps*, n° du 11 février 1915 : *En passant. — Aux champs.*

passe en Vendée. La page est pleine d'humour et d'une fine psychologie. Il faudrait la citer en entier : « Le ministre belge suivait le ministre et les parlementaires français. » Au milieu de campagnes qui lui rappelaient celles de son pays, il fut mis en présence de maires, d'adjoints, de conseillers municipaux. « Il crut d'abord que la guerre n'était pas le plus grand souci de ces électeurs. La vie continuait pour eux, leur vie quotidienne, patiente et terre à terre de cultivateurs attachés à la glèbe. Qu'on leur payât comptant une partie des réquisitions de fourrages et de bestiaux levées chez eux, voilà ce qui importait avant tout. On eût cru qu'ils étaient incapables de lever les yeux plus haut, de sortir du cercle de leurs intérêts immédiats, et que se trouvant hors des atteintes de la guerre, la guerre ne les concernait point... Bientôt le ministre belge distingua que cette sorte d'égoïsme apparent n'était qu'une forme de la politesse. » Après avoir traité les affaires de la commune ou du canton, les représentants des municipalités demandaient au député ou au sénateur qui accompagnait l'homme d'Etat, « les nouvelles. » « Mais ces ruraux ne les demandaient qu'en hommes du monde, avec une discrétion infinie qui cachait une passion profonde : « Vous devez tout savoir, mais vous ne pouvez tout nous dire. Dites-nous ce que vous pouvez. » Cependant, ils dirigeaient presque la conversation et la réponse : « On les aura, n'est-ce-pas? » Jamais un doute sur la victoire, une tranquille résolution à laisser durer la guerre ce qu'il faut qu'elle dure. S'ils parlaient de leurs gars déjà tombés sur le champ de bataille, c'était pour en offrir le sacrifice avec stoïcisme.... Après quoi, ils revenaient à leurs affaires. C'était par intérêt, mais aussi par modestie, tenant à ne pas arrêter le monde sur des questions qu'ils ne possédaient point absolument. A la lutte ils donnaient leur consentement plein et volontaire; ils croyaient au succès parce qu'ils croyaient à la justice; mais là-dessus ne faisaient pas de phrases, n'ayant pas de mots dans leur langue pour les choses abstraites.

« Partout le ministre belge leur était présenté : « C'est M. X..., le ministre belge! » Ils ôtaient leur chapeau, mais ne prononçaient point une parole et ne l'abordaient point. C'est qu'il faut longtemps à un homme des campagnes françaises pour oser rompre le silence avec un homme qu'il ne connaît pas. Même ils n'osaient le regarder qu'à la dérobée. Leur courtoisie instinctive leur enseigne qu'il ne faut pas manifester de curiosité à l'égard des étrangers. Les nouveaux venus seulement disaient aux autres : « C'est celui-là, le Belge? » Alors ils tournaient autour de lui sans avoir l'air de rien. Leur sentiment des convenances leur avait fait supprimer les vins d'honneur, les grandes frairies par quoi se célèbrent d'ordinaire les tournées politiques. Mais quand, par hasard, on se rafraîchissait, ils s'arrangeaient pour que celui-là fût parmi les premiers à qui on offrait un verre. Voilà tout.

« On parvint à un dernier village, un gros village, un chef-lieu de canton. Le maire fit le discours de bienvenue coutumier, mais ensuite il ne parla pas seulement de l'affaire des réquisitions : il quêta. Il quêta pour les blessés du canton. Patriotiquement, rien n'était plus naturel; politiquement, rien de plus conforme aux usages : les élus doivent une partie de leurs revenus et de leurs émoluments aux électeurs. Et les élus ne se firent pas prier, c'était dans l'ordre; ils déposèrent dans le chapeau haut de forme qu'on leur tendait, car le maire avait un chapeau haut de forme, l'obole que leur permettait leur fortune ou que leur conseillait leur générosité. L'homme d'État belge crut devoir faire comme les autres, il ne demandait pas mieux que de faire comme les autres. Il prit un petit billet bleu et s'approcha.... Mais le maire écarta le chapeau, le maire fit un geste, un grand geste qui envoya sa large main sur sa vaste poitrine.

« — Vous, Monsieur le ministre, vous, un Belge? ah! non! *C'est nous qui vous devons!* »

« Et se retournant vers son Conseil municipal assemblé :

« — Pas vrai, vous autres?

« — Bien sûr, répondirent les conseillers, bien sûr....

« Il n'y a pas quinze jours que c'est arrivé. »

Quelques points de cette histoire sont peut-être contestables. Aucun ministre, ni belge, ni français n'est venu, en Vendée, voir les réfugiés. Quant à MM. Melot et de Pauw, délégués du Gouvernement belge, ils n'étaient pas escortés par des parlementaires français; en leur présence les maires n'ont fait aucune quête.

Mais la scène est si jolie, si délicieusement contée, qu'il y aurait mauvaise grâce à discuter sur ces détails. Il vaut mieux penser que l'histoire narrée par M. Pierre Mille, si elle ne s'est pas passée en Vendée, a eu pour théâtre quelque autre pays lointain, où, là aussi, les habitants se sont efforcés de donner aux réfugiés la plus large hospitalité; dans quelque coin de nos campagnes françaises où les cultivateurs ne font « pas de phrases, n'ayant pas de mots dans leur langue pour les choses abstraites, » mais où, en mouvements venus du cœur, ils ont su être pitoyables à toutes les victimes de la guerre.

V

Les Internés Civils Austro-Allemands.

En dehors des réfugiés, la région de l'Ouest a reçu depuis le commencement de la guerre une nombreuse population étrangère : civils austro-allemands évacués des contrées de la France où ils résidaient précédemment et internés dans des camps de concentration; prisonniers de guerre; Alsaciens-Lorrains hospitalisés dans des dépôts.

La Vendée a eu, en particulier, de forts contingents d'internés civils[1].

Près de 1.400 personnes appartenant aux nationalités allemande et autrichienne furent évacuées en août 1914 de la région parisienne sur la Vendée. L'administration préfectorale les constitua en

1. C'est un conseiller général de la Vendée, M. Constantin, inspecteur général des services administratifs, qui dirige au ministère de l'Intérieur, les importants services des internés civils austro-allemands et des Alsaciens-Lorrains.

quatre groupements formés à La Roche-sur-Yon, aux Sables d'Olonne, à Fontenay-le-Comte et à Luçon. Tous les étrangers furent soumis dans ces villes au régime de l'internement; les locaux où ils se trouvaient étaient gardés militairement.

Deux dépôts d'étrangers ne tardèrent pas à être fermés afin de permettre à l'autorité militaire d'utiliser leurs immeubles pour l'établissement d'un hôpital auxiliaire ou pour le logement de troupes. Les étrangers du dépôt de Fontenay furent transférés au dépôt de Luçon qui comprit 250 personnes; ceux du dépôt de La Roche-sur-Yon furent dirigés sur le dépôt des Sables d'Olonne, qui renferma ainsi environ 1.100 personnes. Aux Sables, les internés étaient logés partie dans les bâtiments d'un ancien séminaire, transformé en caserne; partie dans des baraquements en bois, installés dans la vaste cour attenant à l'établissement. Le dépôt formait une petite cité avec un mélange indescriptible d'éléments de toutes races et de toutes situations. Allemands et Autrichiens voisinaient avec des Alsaciens-Lorrains, des Tchèques, des Polonais, des Roumains de Transylvanie, des Serbes, des Slovènes, des Croates, des Trentins. Des danseuses de music-halls, des maîtres d'hôtel de grands restaurants parisiens, coudoyaient des étudiants, de notables commerçants, des personnes appartenant aux classes élevées de la société.

Il y eut souvent des heurts, des querelles de ménages... et surtout de faux ménages.

Non moins pittoresques furent les deux dépôts créés par la suite dans les Iles d'Yeu et de Noirmoutier pour recevoir des étrangers d'âge mobilisable. 550 étrangers furent internés à l'Ile d'Yeu, dans une ancienne citadelle; 250 furent logés à Noirmoutier, dans un vieux château que les internés, au début de leur installation, ne manquaient jamais de décorer du titre de « vieux château romantique. » Que de scènes curieuses virent les murs des deux dépôts : luttes d'habileté entre les administrateurs et les étrangers ou leurs familles pour la découverte de correspondances cachées sous les timbres, écrites à l'encre sympathique, glissées dans tous les objets, pour le déchiffrage de lettres à clés; réclamations sans fin contre le manque de variété des menus, un produit du pays, les haricots — les bonnes « mogettes » de Vendée — y accaparant, à l'estime des Allemands, la place qu'aurait dû occuper un autre légume : les pommes de terre! La nourriture est d'ailleurs l'objet constant des préoccupations des internés. Pour arriver à une rigoureuse répartition entre les chambrées, des vivres adressés par une société de Croix-Rouge aux internés de l'Ile d'Yeu, deux fonctionnaires allemands ne durent-ils pas un jour mesurer des saucissons avec un mètre à ruban!

Et combien de types eussent mérité de retenir l'attention de l'observateur. Tel cet Allemand notoire, réclamant de tous côtés sa libération pour prendre part à la lutte contre notre pays, et ayant l'inconscience d'affirmer que la France ne saurait lui refuser cette faveur, en considération des services d'un de ses ancêtres qui avait été un grand Français.

Tel cet autre, moins belliqueux, qui, s'exprimant sans détours, dans une longue lettre envoyée en fraude, s'estimait heureux, malgré le désagrément d'un séjour prolongé dans un dépôt, de n'avoir pas exposé une existence qui lui était chère. « Au commencement, disait-il à sa femme, je me faisais beaucoup de chagrin de n'avoir pu partir, mais maintenant après un si long laps de temps, cela vaut mieux, il vaut peut-être mieux que je sois ici. L'amour de la patrie et autres choses de ce genre, c'est bien beau; mais revenir en avorton ou bien mourir en héros pour la patrie, que feront alors ma femme et mon enfant bien aimés? » Et beaucoup dans les dépôts n'étaient pas éloignés de partager ce sentiment. L'idée dominante de la plupart n'était-elle pas, de demeurer en France après la guerre ou d'y rentrer le plus tôt possible? Les faits de guerre seront vite oubliés par les Français, observait l'un d'eux qui avait la prétention de nous connaître : les Français sont « si poires, » nous reviendrons à Paris!

La plupart, d'ailleurs, n'avaient séjourné chez nous que dans une pensée de lucre. Un interné, qui appartenait à l'aristocratie allemande, le confessait ingénuement : « M... me disait, et c'était juste, que presque tout le monde de nous, réfugiés, était en France pour gagner de l'argent sans aucun autre but plus idéal. » Et comme pour montrer la justesse de cette dernière observation, il écrivait alors qu'il se cachait à Paris, après la mobilisation : « Il nous intéressait dans notre prison surtout un carambolage de deux automobiles que nous pouvions voir de notre balcon. » De lui encore cette constatation dénuée d'artifice : « Je pensais qu'allait devenir de la patrie en guerre avec quatre peuples. On ne pouvait qu'espérer la victoire, mais je n'était pas sûr du tout. *Je ne comprend pas comment l'Allemagne a pu déclarer la guerre à un temps où la France était pas surpris de la guerre*[1]. »

Les dépôts renfermaient un certain nombre d'internés fixés en France depuis de longues années. Il y eut ainsi à l'Ile d'Yeu un Allemand âgé de 53 ans, qui était né à Paris où il avait toujours habité, et ne parlait que le français, voire même, avec l'accent faubourien, le plus pur argot de Paris. Il se considérait en toute sincérité comme parisien. Il oubliait, il est vrai, que n'ayant pas répudié sa nationalité d'origine, il avait échappé à tout service militaire, en France comme en Allemagne. A côté de lui, et de ceux qui se trouvaient dans un cas analogue, il y avait des étrangers ayant des attaches françaises, soit qu'ils fussent mariés à des Françaises, soit qu'ils eussent des parents mobilisés sous nos drapeaux. Ceux-là furent souvent l'objet de vexations de la part de leurs compatriotes; il fallut pratiquer à leur égard une sélection, et envoyer les plus intéressants dans des camps dits de faveur, tels que ceux de Libourne ou de Guérande.

1. L'orthographe a été respectée.

Dans un intérêt de discipline, les Allemands durent à un moment être séparés des Autrichiens. Le dépôt de l'Ile d'Yeu devint un dépôt allemand, celui de Noirmoutier un dépôt autrichien. Eloignés d'alliés avec lesquels ils sympathisaient peu, les Austro-Hongrois émirent la prétention d'être rendus à la liberté, s'indignant d'être traités « comme des Boches. » Et comme on leur répondait que nous n'avions en France aucune raison de distinguer entre nos ennemis, ils clamaient à tous les échos leur indignation : les Français étaient vraiment à leurs yeux des gens sans « Kultur. »

L'évacuation sur la Suisse des femmes, des enfants et des vieillards, entraîna la suppression de nombreux dépôts d'internés civils. Elle amena, en Vendée, successivement la transformation des dépôts des Sables d'Olonne et de Luçon. Les dépôts des iles furent aussi réorganisés. Les internés furent concentrés à l'Ile d'Yeu, et le dépôt de Noirmoutier, vidé de ses éléments primitifs, devint un dépôt disciplinaire.

Ce dernier dépôt reçut les internés civils qui avaient commis des tentatives d'évasion, les fortes têtes et les condamnés de droit commun.

Certains étrangers se sont plaints de contacts

qu'ils jugeaient fâcheux et ont traité de bandits leurs compagnons de captivité. Le dépôt de Noirmoutier est pourtant le plus calme de tous les dépôts. Lorsqu'un interné commet quelque infraction, il est immédiatement, et suivant le cas, puni au dépôt ou déféré à la juridiction correctionnelle; et le camp, troublé quelques heures à peine, reprend vite son habituelle tranquillité. Les bons éléments sont, au surplus, dirigés au bout d'un certain temps sur le dépôt de l'Ile d'Yeu, d'où ils peuvent sortir pour travailler au dehors.

La grande préoccupation de l'administration fut, en effet, d'utiliser la main d'œuvre des internés civils. Ils n'étaient pas astreints au travail. Beaucoup cependant, pour améliorer leur situation ou jouir d'une liberté relative, consentirent à travailler. Les locaux des dépôts de Vendée ne s'y prêtant pas, il ne fut pas possible d'y organiser des ateliers. Mais les internés pratiquèrent dans des champs loués par l'administration, la culture potagère pour l'alimentation des dépôts. En outre, 119 furent envoyés dans l'Eure pour être employés aux travaux agricoles; 15 détachés à Périgueux pour être utilisés au dépôt de machines. Quelques autres furent dirigés comme maçons sur le département de Saône-et-Loire où ils travaillent à la construction d'un sanatorium. En Vendée même, 49 internés ont été affectés comme mineurs ou manœuvres aux mines de Faymoreau; 212 détachés dans les fermes comme ouvriers agricoles; d'autres, mis à la disposition d'industriels ou de commerçants[1].

1. Les dépôts de l'Ile d'Yeu et de Noirmoutier ont été visités à plusieurs reprises par les délégués de l'ambassade des Etats-Unis et de la légation suisse. M. le lieutenant-colonel de Marval, délégué de la Croix-Rouge internationale, s'est de son côté rendu au dépôt de l'Ile d'Yeu et en a constaté la bonne administration (*Documents publiés à l'occasion de la guerre 1914-1915.* — Rapports de MM. le Dr C. de Marval (3e et 4e voyages) et Eugster (2e voyage) sur leurs visites aux camps de prisonniers en France et en Allemagne. — Deuxième série, édition française, mai 1915, pages 23 et 24).

VI

Les Alsaciens-Lorrains.

De bonne heure, la nécessité apparut d'établir dans tous les dépôts d'étrangers une démarcation nette entre les Alsaciens-Lorrains et les Allemands. Dès l'origine, et avant que la question n'eût été réglée d'une façon générale, les Alsaciens-Lorrains avaient bénéficié dans les dépôts de Vendée d'un régime spécial : ils avaient été placés dans des quartiers séparés et avaient eu un traitement de faveur.

Par la suite, et après entente avec les associations alsaciennes, le Gouvernement jugea utile de créer des dépôts réservés aux Alsaciens-Lorrains. Il constitua en même temps des commissions, qui furent chargées d'aller sur place établir la nationalité réelle des Alsaciens, en distinguant entre Alsaciens d'origine française et immigrés.

Un dépôt alsacien-lorrain fut, entre autres, créé aux Sables d'Olonne, dans les premiers jours de janvier 1915. Préalablement vidé de ses éléments austro-allemands, le dépôt étranger de cette ville reçut tous les Alsaciens-Lorrains qui se trouvaient dans les dépôts d'internés civils du département, et ceux qui provenaient du dépôt de Ploërmel. Un groupement de 583 personnes (412 Alsaciens et 171 Tchèques, Polonais, Trentins ou autres étrangers jouissant d'un régime particulier) fut ainsi formé. Quelques jours seulement après sa transformation, le dépôt des Sables fut visité par une commission d'Alsaciens-Lorrains, composée de MM. Blumenthal, ancien maire de Colmar, Chastelain, conseiller-maître à la Cour des comptes, et d'un jeune avocat alsacien. La commission délivra à la plupart des Alsaciens-Lorrains, des cartes tricolores, signe de leur origine française et de leur bonne attitude. Et ses opérations finies, après une distribution de vêtements et d'argent faite par ses membres, ce fut un spectacle peu banal de voir s'organiser une sorte de réunion publique, dans le grand réfectoire du dépôt. Là, juchés sur une table, M. Blumenthal et le préfet de la Vendée adressèrent aux hôtes du dépôt, des harangues patriotiques en patois alsacien ou en français. Des Lorrains ne connaissaient pas le dialecte alsacien, des

Alsaciens ne comprenaient pas notre langue; tous applaudirent vigoureusement. C'est que les orateurs avaient annoncé à leur auditoire que les portes du dépôt allaient s'ouvrir pour les détenteurs de cartes tricolores. Les Alsaciens-Lorrains qui avaient des places pourraient les occuper; l'administration préfectorale se chargeait d'en procurer aux autres.

Ces promesses furent tenues et de très nombreux Alsaciens quittèrent presque immédiatement le dépôt. Ils furent remplacés par d'autres, venus des divers départements de l'Ouest. Les nouveaux arrivants furent également pourvus d'emplois, soit dans le département, soit à Nantes ou dans d'autres contrées. Parmi les Alsaciens qui avaient obtenu en Vendée des places dans l'agriculture, le commerce ou l'industrie, une centaine résident encore à l'heure actuelle dans le département.

Une des caractéristiques du dépôt des Sables fut l'installation d'une école alsacienne en mars 1915. Sa création donna lieu à une petite cérémonie d'inauguration à laquelle, sous la présidence du préfet, prirent part quelques notabilités de la ville et deux délégués de l'Association pour l'Aide des Alsaciens-Lorrains, MM. Bickart-Sée, avocat au

Conseil d'État et à la Cour de cassation, et le pasteur Hoffet. Les parents des élèves assistèrent à la leçon d'ouverture que fit un instituteur vendéen, en uniforme de sergent d'infanterie[1]. Le ministère de l'Instruction publique et l'Association pour l'Aide des Alsaciens-Lorrains encouragèrent la nouvelle école, en lui envoyant cartes et livres.

En février 1916, le dépôt libre alsacien des Sables, dont l'effectif se trouvait fort réduit, a été supprimé, et ses éléments ont été transférés dans le Puy-de-Dôme.

Un autre dépôt alsacien subsiste en Vendée, le dépôt de Luçon, qui a fait suite en avril 1915 à un dépôt de familles austro-allemandes. Ce fut d'abord un dépôt surveillé renfermant des Alsaciens non pourvus de la carte tricolore, mais qui, en raison de leur origine française, bénéficiaient de diverses faveurs. Une école alsacienne y fut installée sur le modèle de celle qui avait existé aux Sables d'Olonne. Elle compta une vingtaine d'élèves et donna comme celle des Sables de très bons résultats. Le dépôt devint plus tard un dépôt d'Alsaciens mobilisables et comprit surtout des fonc-

1. Le sergent Pâtureau, instituteur à Talmont.

tionnaires et des familles de fonctionnaires. Pour être nés en Alsace-Lorraine, la très grande majorité de ceux-ci n'en sont pas moins des Allemands de cœur, grisés de la part d'autorité qu'ils détenaient. Leurs femmes, qui habitaient dans la partie de l'Alsace-Lorraine qu'occupent nos troupes, refusent d'y revenir, craignant sans doute, d'ailleurs, d'y être accueillies sans sympathie. Un fonctionnaire, né en Alsace d'un père alsacien, affirmait d'une façon catégorique, lors d'une inspection, qu'il était Allemand. Comme on lui rappelait ses origines alsaciennes, il déclara qu'il appartenait à « l'Alsace libre », désignant par ces mots la partie de l'Alsace occupée par les Allemands! Quand l'Alsace-Lorraine sera redevenue française, ces hommes qui se réclament à un tel point de l'Allemagne tiendront d'eux-mêmes, il faut l'espérer, à aller servir leur pays d'élection.

VII

Les Prisonniers de Guerre.

La Vendée a été un des premiers départements à faire appel, pour l'exécution de travaux d'intérêt public, à la main-d'œuvre des prisonniers de guerre. L'utilisation en avait été envisagée dès le début des hostilités, et divers projets avaient été examinés à cet effet. L'administration préfectorale s'entendit avec la Compagnie des chemins de fer de l'Etat, chargée de l'exploitation des tramways de la Vendée : elle demanda des prisonniers pour procéder à l'extraction et au cassage des pierres destinées à constituer le ballast nécessaire à l'établissement d'un deuxième réseau de tramways. Elle en obtint 500 en vertu d'une convention passée en janvier 1915 avec l'autorité militaire.

Deux camps d'internement furent créés : l'un à la Porte-de-l'Ile, commune de Saint-Pierre-le Vieux, l'autre à Bretignolles. Ils devaient recevoir le premier 200, le second 300 prisonniers, provenant du dépôt de Belle-Isle. Des carrières furent ouvertes à proximité des camps. Les prisonniers, divisés en équipes de 100 hommes, furent placés sous la surveillance d'agents voyers ou de cantonniers-chefs mobilisés et la direction technique de M. Rolland, agent voyer en chef du département.

Les travaux commencèrent en avril 1915, après l'achèvement des baraquements affectés au logement des prisonniers. Ils se poursuivirent jusqu'en février 1916, époque à laquelle les prisonniers ont été repris par l'autorité militaire pour être cédés à des exploitants de carrières qui avaient passé des contrats avec le ministère de la Guerre.

Durant ce laps de temps, dix-huit mille mètres cubes de ballast ont été extraits et cassés. L'utilisation de la main-d'œuvre des prisonniers de guerre a, de la sorte, fourni au département les moyens de commencer l'exécution d'un réseau de tramways, tout en lui faisant réaliser un bénéfice sur le prix des matériaux. Il a procuré à la contrée d'autres avantages non moins importants. Pour parer au manque de main-d'œuvre agricole, l'administration préfectorale fit fermer ses chantiers pendant l'été de 1915 et mit à la disposition des cultivateurs 400 prisonniers, auxquels vinrent s'en ajouter 100 autres obtenus spécialement de l'autorité militaire. Ces hommes, répartis en 25 équipes de 20 travailleurs chacune, permirent, sur de nombreux points du département, l'exécution dans des conditions satisfaisantes, des travaux d'été.

Des ouvriers faisaient également défaut pour la manutention du charbon au port des Sables d'Olonne. Cent des prisonniers qui travaillaient pour le compte du département furent prêtés par le préfet à la Compagnie des chemins de fer de l'Etat pour le déchargement de ses bateaux de charbon. Ils sont toujours occupés au même travail. D'autres prisonniers furent par la suite attribués aux exploitants des principales carrières de pierre du département.

Pendant l'été dernier, plus de 600 ont été affectés à l'agriculture. En dehors des travaux agricoles proprement dits, les prisonniers ont été employés pour l'exécution d'œuvres importantes d'améliorations agricoles. Ils ont, ainsi, dans la baie de l'Aiguillon-sur-Mer, fait des travaux de consolidation et de restauration de la digue de la Dive, pour la protection de 260 hectares de terrains cultivables, pris sur la mer. Sur un autre point du département, ils exécutent des travaux de terrassement considérables, en vue de l'amélioration du régime de l'écoulement des crues de la Sèvre-Niortaise. Ces opérations font partie d'un programme de travaux d'élargissement de la Sèvre et des canaux adjacents, déclarés d'utilité publique, et exécutés pour le compte de quatre grands syndicats de marais de la Vendée, de la Charente-Inférieure et des Deux-Sèvres, avec l'aide d'une large subvention de l'Etat. Depuis plusieurs années, de grosses crues de la Sèvre-Niortaise se produisaient au printemps et occasionnaient de très grands dommages aux terrains — marais desséchés ou mouillés — situés dans le bassin de ce cours d'eau, sur une superficie de plus de 15.000 hectares. Pour la défense de ces terrains conquis sur la mer, les associations syndicales avaient, depuis leur constitution, construit un vaste réseau de canaux, destinés à l'évacuation des eaux de la Sèvre et de ses affluents. Afin de mettre un terme aux dégâts causés à la région, elles cherchèrent récemment à activer l'écoulement des eaux des crues du fleuve. Dans ce but, les ingénieurs de l'hydraulique agricole dressèrent un projet consistant en l'élargissement du lit de la Sèvre et de ses canaux de redressement, ainsi qu'en la construction d'un nouveau canal de dérivation.

Les travaux de terrassements nécessaires pour l'exécution de ce programme commencèrent en novembre 1914, avec la main-d'œuvre des habitants du pays et d'un certain nombre de réfugiés. Mais le nombre des ouvriers ne tarda pas à diminuer. Aussi, répondant aux suggestions de l'administration préfectorale, le Syndicat des marais mouillés de la Vendée se décida-t-il à recourir à la main d'œuvre des prisonniers de guerre. Son emploi aura eu pour résultat de hâter la réalisation d'un projet qui est de nature à atténuer dans une large mesure les conséquences désastreuses des crues de la Sèvre Niortaise, et qui présente ainsi pour l'agriculture un intérêt considérable.

Au nombre des visiteurs qu'ont reçus les groupements de prisonniers de guerre de Vendée, ont figuré les membres d'une délégation de la commission d'administration générale de la Chambre des députés, MM. Paul-Meunier, Philbois et Ponsot. Après s'être rendus dans les dépôts d'internés civils de l'Ile d'Yeu et de Noirmoutier, et dans les dépôts alsaciens de Luçon et des Sables d'Olonne, ces hommes politiques vinrent à Bretignolles. Voyant combien était convenable l'installation du camp, et avec quelle humanité, exempte d'ailleurs de faiblesse, les prisonniers étaient traités, ils ne purent que former le souhait de voir un régime analogue appliqué à nos malheureux compatriotes, retenus dans les camps allemands.

Un délégué du Comité international de la Croix-Rouge, le lieutenant-colonel suisse de Marval, inspecta également le camp de Bretignolles. Il trouva son organisation excellente et consigna cette impression dans son rapport[1].

Comme nos dépôts d'internés civils, les camps de prisonniers de guerre renferment des personnes de toutes conditions sociales. Dans une interview accordée à un journaliste français[2], le lieutenant-colonel de Marval racontait qu'il avait rencontré « sur les chemins de Vendée un privat-docent de

1. *Documents publiés à l'occasion de la guerre de 1914.* Rapports de MM. le Dr C. de Marval (3e et 4e voyages) et A. Eugster (2e voyage). Deuxième série, édition française, pages 26-27.

2. *L'Ouest-Éclair,* 12 mars 1916. *Comment on traite les prisonniers de guerre.*

philosophie de l'Université de Leipzig qui cassait prosaïquement de la pierre », ce dont, au reste, il ne se plaignait nullement. Un autre prisonnier, sous-officier allemand, avait une profession d'une nature plus imprévue. Comme, dans un groupe, nous lui demandions ce qu'il faisait avant la guerre, il nous déclara qu' « il était fils de son père ». Retenant avec peine une forte envie de rire, l'un des Français qui étaient là le questionna encore sur la profession de son père. Quand nous sûmes que notre homme appartenait à la famille d'un riche banquier, nous comprîmes alors qu'il avait pour toute profession, la jouissance des rentes paternelles. Peut-être à cet oisif la captivité aura-t-elle rendu service, en lui donnant l'habitude et le goût du travail.

LES ŒUVRES DE GUERRE

VIII

Les Œuvres d'Assistance à la Guerre.

Partout en France, au lendemain de la mobilisation, des œuvres se créèrent pour venir en aide à nos soldats. Elles avaient pour but d'améliorer ou d'augmenter le bien-être des combattants, d'apporter plus de confort aux blessés en traitement dans les hôpitaux. Plus tard, se constituèrent des œuvres de secours au profit de nos compatriotes faits prisonniers de guerre et internés en Allemagne. Les initiatives les plus intéressantes se produisirent en tous sens, chacun s'ingéniant à apporter sa contribution à la Défense Nationale.

La Vendée n'est pas restée en dehors de ce large mouvement. Diverses œuvres d'assistance à la guerre furent fondées dans le département. L'une d'elles fut constituée aux Sables d'Olonne par M. Chailley, maire, ancien député, sous le vocable d'*Œuvre de l'Assistance à la Guerre.*

Pour se procurer des ressources, cette œuvre,

présidée par Mme Herbert, a organisé — en dehors de quêtes, — une tombola, des kermesses et des conférences. Les fonds qu'elle a recueillis ont été employés à faire des achats de laine et de flanelle. Une partie de la laine a été distribuée aux familles sablaises dont les membres étaient mobilisés. Une autre a été confiée aux personnes qui acceptaient de prêter leur concours bénévole pour la confection d'effets destinés aux soldats du front. Des lainages, du linge, des objets de toilette ont été ainsi donnés aux soldats au moment de leur sortie des formations sanitaires, ou envoyés au front.

Une œuvre analogue, due à l'initiative de M. Mony, ancien sous-préfet de Fontenay-le-Comte, a fonctionné durant plusieurs mois à la sous-préfecture de cette ville. Le produit des souscriptions recueillies dans l'arrondissement (près de 33.000 francs) a permis de remettre aux hôpitaux de Fontenay une somme de quinze mille francs pour le mieux-être des blessés; de procurer au service de santé des instruments ou appareils de chirurgie; de donner des sous-vêtements aux blessés des formations sanitaires ou aux hommes des dépôts de chasseurs à pied repliés sur Fontenay-le-Comte. Une partie des ressources réunies fut consacrée à des achats de linge et à la confection d'effets chauds qui furent expédiés dans la zône des armées ou remis à des soldats au moment de leur départ pour le front. La sous-préfecture de Fontenay fit également travailler une quantité importante de laine qui lui avait été confiée par l'intendance militaire.

L'ouvroir de la sous-préfecture, auquel présidait Mme Mony, put faire parvenir aux soldats combattants, plus de sept mille objets de lainage.

Des œuvres municipales de secours aux hôpitaux existent depuis le début des hostilités à Luçon et à La Roche-sur-Yon. Elles ont été alimentées par le produit des souscriptions publiques, et, en outre, à La Roche-sur-Yon, par un prélèvement de 10 pour 100 sur la recette nette des représentations théâtrales. Ces œuvres ont apporté une aide appréciable aux formations sanitaires, soit en améliorant l'ordinaire des blessés, soit en fournissant au service de santé les moyens d'acquérir des instruments de chirurgie ou de perfectionner l'installation de ses locaux.

Dans de nombreuses communes ont fonctionné des ouvroirs, qui ont préparé une grande quantité de linge pour les hôpitaux ou fait des sous-vêtements pour les soldats du front. Certains de ces ouvroirs ont rendu de réels services : tel celui de Nalliers, qui a effectué d'abondants envois de linge aux hôpitaux de Luçon et de Fontenay-le-Comte, et de sous-effets aux soldats combattants ; tel celui de Sainte-Cécile, qui a travaillé pour les hôpitaux de La Roche-sur-Yon et pour le Comité départemental de secours. L'ouvroir de Sainte-Hermine, présidé par Mme Bujeaud, a confectionné des quantités importantes de sous-vêtements pour les dépôts d'infanterie de Luçon et de Fontenay-le-Comte et pour le Comité départemental de secours. Il a fait des dons de linge et de vêtements aux hôpitaux du département, aux habitants des régions envahies, au Comité de l'Aisne dévastée, aux Serbes, aux prisonniers de guerre, aux réfugiés, etc.

Plusieurs ouvroirs ont été installés à Noirmoutier. L'un d'eux, dirigé par Mlle de Janssens, déléguée de la section de Challans de la Croix-Rouge française, a préparé pour les blessés de nombreux envois de linge, de lainages, de vêtements, de charpie, d'objets de pansement. Mlle de Janssens a, par surcroît, organisé les diverses Journées à Noirmoutier, où elles ont procuré de fructueuses recettes.

Dans une commune rurale, La Verrie, un service d'envois réguliers de paquets au front et dans les camps de prisonniers de guerre en Allemagne, fut établi par la municipalité, qui y consacra une somme relativement importante. Des communes (Les Sables d'Olonne, Rocheservière, etc.) votèrent des crédits pour expédition de colis de vivres aux prisonniers de guerre, originaires de la localité. Dans d'autres communes (Olonne, Bois-de-Céné), sous l'inspiration des municipalités, les familles de mobilisés consentirent chaque mois un prélèvement sur leurs allocations au profit des prisonniers de guerre secourus par le Comité départemental de secours.

A Bouin, le Comité de secours créé par le maire en vue de subvenir aux besoins d'une ambulance de 60 lits, n'ayant pas pu obtenir l'envoi de blessés, adressa au Comité départemental de secours le produit des souscriptions qu'il avait recueillies, en l'affectant aux soldats du front, aux blessés, et aux réfugiés de la Belgique et des départements français envahis. Ce fut le Comité de secours de Bouin qui organisa dans cette commune les diverses Journées. Il créa aussi un service d'envois aux prisonniers de guerre : chaque prisonnier précédemment domicilié dans la commune reçut par ses soins trois kilos de pain par semaine, jusqu'au 1er juillet 1916, date de la suppression des envois individuels de pain aux prisonniers français en Allemagne.

D'autres œuvres d'assistance à la guerre furent créées dans le département. A partir d'octobre 1914 et durant quelques mois, fonctionna à la préfecture un service de renseignements pour les familles des blessés hospitalisés en Vendée, ou des blessés vendéens soignés dans les autres départements. Des registres, tenus à jour, contenaient toutes les informations recueillies dans le département ou envoyées de l'extérieur, sur les blessés. En outre, chaque fois que la préfecture était avisée qu'un blessé vendéen était soigné dans un autre département, elle en informait d'urgence la famille de l'intéressé. Cet office de renseignements a été supprimé lorsque l'autorité militaire eut adopté des dispositions pour prévenir, d'une façon régulière, les familles de la présence de leurs membres dans les hôpitaux.

Des Foyers du soldat furent fondés aux Sables d'Olonne et à Fontenay-le-Comte par les sous-préfets de ces arrondissements, MM. Gola et Boivin.

Ils sont très fréquentés, surtout pendant l'hiver. Aux Sables d'Olonne, le Foyer a organisé notamment une soirée, au cours de laquelle le lieutenant Péricart, celui qui, dans les tranchées, proféra le mot devenu célèbre « Debout, les morts, » fit une conférence sur la guerre. A Fontenay-le-Comte, des artistes professionnels, recrutés dans les différentes unités de la garnison, se sont fait entendre au Foyer. Ils ont aussi donné au théâtre municipal, deux représentations, l'une gratuite et réservée aux troupes; la seconde, payante et destinée au public. Le produit de celle-ci fut affecté aux prisonniers de guerre et envoyé au Comité départemental de secours.

Un artiste du théâtre Antoine, sergent vaguemestre au détachement des exclus de l'armée de La Meilleraie-Tillay, M. Tramcourt, eut de même l'idée d'organiser au chef-lieu de canton voisin, Pouzauges, une représentation théâtrale. Elle eut un plein succès. Le produit destiné aux blessés, permit au Comité départemental de secours de faire dans les hôpitaux du département une distribution d'argent de poche aux soldats qui y étaient en traitement.

Pour secourir les habitants des régions libérées

de l'ennemi, fut fondée en Vendée, par Mme Paul Le Roux, une section de l'Aiguille française. Les dons qu'elle a réunis, les objets qu'elle a fait confectionner ont permis à l'association de venir en aide aux réfugiés hospitalisés dans la région de l'Ouest, et surtout d'effectuer des envois importants dans les départements du Nord et de l'Est.

***

A côté des œuvres d'assistance à la guerre créées par l'initiative française, il faut citer celles qui sont dues à la générosité de nos amis des Etats-Unis. A Noirmoutier, des Américains, propriétaires dans l'île, M. et Mme Charles Prince, ont avec l'aide de leurs amis de Boston et de quelques familles françaises, créé un ouvroir, qui a utilisé la main-d'œuvre des femmes de la commune pour faire tricoter au profit de nos soldats, des effets chauds : chandails, cache-nez, chaussettes, etc. Pendant l'hiver 1914-1915, l'ouvroir a employé jusqu'à 240 femmes. Avec de la laine fournie par la Commisison départementale de secours de la Loire-Inférieure, par l'intendance militaire ou par une association américaine de Paris, l'American Relief

Clearing House, il n'a pas fait confectionner moins de 14.000 paires de chaussettes et de 1.500 chandails. L'ouvroir continue à fonctionner, sous la direction de Mlle Gsell, aux frais de M. et Mme Charles Prince. Ceux-ci ont offert récemment au Comité départemental de secours de Vendée de faire transformer à titre gracieux toute la laine qui leur serait fournie par l'œuvre.

Habitant la France depuis 25 ans, M. et Mme Prince sont Français de cœur. Aussi dès le premier moment, eux et leurs parents ont-ils soutenu hautement la cause de notre pays. Deux de leurs neveux s'engagèrent, au titre étranger, comme aviateurs sous nos drapeaux, et l'un deux tomba au service de la France en survolant Verdun. La famille Prince a adhéré au Message des Cinq-Cents contenant l'appel de l'élite américaine aux nations alliées, qui parut en 1916. Les signataires de ce document affirmaient, on se le rappelle, leurs sympathies pour les Alliés, et faisaient des vœux ardents pour la défaite des Empires Centraux. Les intellectuels américains, par une propagande ininterrompue, contribuèrent à faire sortir leur pays de la neutralité et à le faire entrer dans la guerre pour la défense des principes de la civilisation.

M. Charles Prince fut en Europe le représentant de leur organisation. Orateur, publiciste, poëte, il se dépensa sans compter. D'accord avec la Maison de la Presse, il s'occupa de la propagande française aux Etats-Unis. Il fut l'un des organisateurs de la Société Shakespeare, créée pour « affermir les liens intellectuels qui unissent la France aux peuples de langue anglaise dans l'intérêt de l'humanité, du progrès et de la civilisation. » Sous les auspices de la société de l'Effort de la France et de ses Alliés, il donna cette année à Bordeaux, le jour anniversaire de l'Indépendance des Etats-Unis, une conférence des plus applaudie. Par la plume et par la parole, M. Prince a été de ceux qui ont créé le large mouvement d'opinion qui a amené l'entente franco-américaine.

Quant à Mme Prince, après avoir été à la tête d'une section de l'association américaine des Pansements Chirurgicaux, elle a présidé la Commission américaine du secours de guerre. L'œuvre a organisé en juillet dernier dans les locaux du séminaire de Saint-Sulpice, à Paris, une kermesse qui a rapporté plus de 260.000 francs. Elle s'est transformée depuis, et, sous le nom de Secours franco-américain pour la France dévastée, elle s'est rattachée au comité France-Amérique. L'association, placée sous la présidence d'honneur de Mrs Sharp, ambassadrice des Etats-Unis, et de M. Gabriel Hanotaux, de l'Académie française, a pour but de restaurer les villages français détruits par l'ennemi. Mme Prince dirige son action avec un zèle et un dévouement absolus.

Une association américaine, la French Relief Fund d'Indianapolis, section de l'American Fund For French Wounded, a apporté en Vendée sa contribution à nos œuvres d'assistance. Sur les indications de l'Association nationale française pour la Protection des familles des morts pour la Patrie, elle vient en aide à plusieurs familles vendéennes dont les chefs ont été tués au cours de la guerre. En demandant au préfet de la Vendée des renseignements sur les filleuls qu'elle secourait, une des adhérentes de la French Relief Fund, la directrice de l'Ecole primaire supérieure (Shortridge High School) d'Indianapolis écrivait : « il nous donne un vif plaisir de faire quelque chose pour les enfants des héros de France. Depuis août 1914 nous avons suivi les mouvements de votre grande armée. Comme le reste du monde, nous la saluons comme la brave des plus braves. »

La solidarité franco-américaine exprimée en termes si délicats, vient d'être affirmée à nouveau par la Croix Rouge américaine, (American Red-Cross) qui a fait à la France de généreux dons. Cette grande société a donné à la Vendée 45.000 francs pour les familles d'officiers et de soldats les plus éprouvées par la guerre. Des secours de même nature ont été envoyés à tous les départements. De telles libéralités seraient — s'il en était besoin — de nature à resserrer encore les liens qui existent entre les Etats-Unis et notre pays.

IX

Les Œuvres de Guerre à l'École.

L'assistance à la guerre a revêtu à l'École des formes multiples. Dès le début des hostilités, les instituteurs vendéens eurent l'heureuse initiative de fonder une œuvre de solidarité professionnelle, le *Comité de Secours aux familles des Instituteurs mobilisés*. L'association que préside un instituteur honoraire, M. Guéry, compte environ 500 membres, qui versent comme cotisation 1 °/₀ de leur traitement mensuel. Elle rend des services appréciables : elle vient en aide aux veuves d'instituteurs tués à la guerre ou aux familles de ceux qui sont prisonniers de guerre.

Les instituteurs ont participé aussi à une œuvre d'entr'aide mutualiste, en faisant voter par les mutualités scolaires du département près de 6.000 francs destinés à secourir les petits mutualistes des pays envahis.

Avec leurs collègues des divers établissements

d'enseignement public, ils ont constitué sous la présidence de l'inspecteur d'académie, une *Œuvre des Pupilles de l'Ecole publique*. L'association a « pour but d'apporter à tous les orphelins de la guerre (et d'abord à ceux du département) qui fréquentent les établissements d'enseignement public, ou qui sont appelés à les fréquenter par la volonté de leur mère ou de leur tuteur, l'assistance matérielle et l'assistance morale dont ils auront besoin jusqu'à l'âge où ils seront en état de se suffire à eux-mêmes. (Mais, en aucun cas, au-dessus de 20 ans). » En dehors des cotisations de ses membres adhérents, l'œuvre a reçu du ministère de l'Intérieur, des secours qui se montent actuellement à plus de 47.000 francs. Le nombre des orphelins de guerre auxquels l'association vient en aide, n'est d'ailleurs, à ce jour, pas moindre de 1.300.

Le concours du corps enseignant a été demandé et largement prêté pour la vente sur la voie publique, des insignes de toutes les Journées qui ont été organisées. « En classe, après avoir expliqué et fait comprendre le but et le caractère de ces journées à leurs élèves, les instituteurs ont invité ceux-ci à vendre des insignes, à placer des billets, etc. Petits garçons et mignonnes fillettes, qui auraient rougi de demander quelque chose pour eux, insistaient volontiers, se faisaient persuasifs quand il s'agissait d'obtenir quelque chose pour les soldats ou les réfugiés. Ils se rendaient compte qu'eux aussi travaillaient pour la Patrie, pour cette Patrie dont, si souvent, on leur parle en classe avec émotion[1]. »

Dans les écoles mêmes, furent faites des collectes spéciales, telle celle de la *Journée Scolaire Serbe* de 1915. Les insignes de diverses œuvres furent également vendus dans les établissements d'enseignement public : les pochettes de la *Journée des Eprouvés de la Guerre*, les plaquettes de l'*Accueil Français*, œuvre créée par la Fédération des Amicales d'instituteurs pour rendre un foyer aux enfants chassés de leur pays par les hostilités, les collections de planches illustrées de la *Cocarde du Souvenir*, œuvre de la reconnaissance des tombes des militaires morts pour la Patrie. Ces ventes donnèrent de très beaux résultats.

Instituteurs et institutrices ont prêté un concours actif à toutes les œuvres de guerre, quelle que

1. Rapport de M. Châles, inspecteur d'académie délégué, au Conseil général de la Vendée, session d'août 1916.

fût leur portée, générale ou départementale. Ils ont quêté ou travaillé pour les hôpitaux, pour les soldats du front ou les prisonniers de guerre. Ils ont fait autour d'eux une zélée propagande en faveur des versements d'or et de la souscription aux titres de la Défense Nationale. Là ne s'est pas bornée leur action. De très nombreux maîtres ont en quelque sorte créé dans leurs écoles une œuvre de guerre. Certains ont, à titre personnel — au prix de quels sacrifices! — adopté des filleuls : combattants ou prisonniers de guerre appartenant aux régions envahies. M. Châles, inspecteur d'académie délégué, a cité le cas de cette institutrice qui, dans l'espace d'une année, a envoyé à un prisonnier de guerre 92 colis de 3 à 5 kilos, du linge, des chaussures, des lainages, des livres — et des mandats. « Je me trouve très embarrassée, écrivait à son chef une autre institutrice, pour répondre aux questions posées dans le Bulletin au sujet des œuvres de guerre. Je ne crois pas possible d'y prendre une part plus active que celle de mon adjointe et de moi; mais je préférerais n'avoir pas à en donner le détail ...

« Nous avons fait deux cent trente deux objets dont la matière première et le plus souvent la façon ont été à peu près entièrement payées par nous deux. Nos petites ont été longtemps occupées à charpir de la toile pour pansements et de la laine pour dix couvre-pieds envoyés à la préfecture. Elles ont fait elles-mêmes soixante-deux oreillers pour les trains sanitaires et en ont fourni tous les matériaux. En ce moment, elles ourlent des mouchoirs pour les soldats. Nous avons adopté pour filleul un soldat blessé, originaire des pays envahis; sa famille rapatriée, sans aucune ressource depuis janvier, est devenue notre protégée et celle de nos élèves qui, à son intention, ont dans la classe une tirelire qu'elles remplissent avec un entrain admirable. Nous avons aussi un prisonnier en Allemagne, également des régions envahies, auquel nous envoyons des colis de vivres et de vêtements. Nous nous disposons à faire un envoi d'argent et de chaussettes à un comité de secours.

« Le peu d'or que nous avions l'une et l'autre a été versé dès le début; le produit en est allé aussitôt à l'emprunt. Nous avons fait ce que nous avons pu près des parents de nos élèves et nous pensons avoir obtenu quelques résultats.

« Nos élèves se sont occupées de toutes les Journées.

« Depuis le début de la guerre, j'occupe mes vacances entières à l'hôpital auxiliaire de X....

« J'aurais préféré, Monsieur l'inspecteur, n'avoir jamais à parler de ces choses auxquelles le fait de les dire enlève la plus grande partie de leur valeur.... »

Une institutrice qui a de lourdes charges et qui exerce ses fonctions dans une commune isolée, où l'école compte peu d'élèves, envoyait à son inspecteur d'académie une somme de cent francs pour les filleuls des écoles de La Roche, ajoutant : « Ici je ne puis faire que peu de choses pour nos pauvres prisonniers; j'en ai honte; je crois manquer à mon devoir et être une égoïste; je vous en prie, acceptez cette petite somme et remettez-la à ceux qui, plus heureux que moi, peuvent faire tout le bien qu'ils désirent[1]. »

Le préfet de la Vendée a reçu, de son côté, à maintes reprises, des envois d'argent qui lui étaient faits par une institutrice pour le Comité départemental de secours. Un des fils mobilisés de cette maîtresse recevait-il un galon, un autre obtenait-il une permission, vite, en signe de joie, elle versait

1. Rapport de M. Châles, inspecteur d'académie délégué, au Conseil général de Vendée, session d'août 1917.

son obole pour les blessés ou les prisonniers de guerre, et toujours elle demandait que son don restât anonyme.

Souvent maîtresses et élèves se sont, dans les écoles, associées pour être des marraines de guerre. C'est ainsi que l'école de l'Aiguillon-sur-Mer a adopté cinq prisonniers de guerre, tous originaires des départements envahis.

A l'École Normale d'institutrices, les jeunes filles ont assumé la charge de secourir plusieurs soldats : « Nous avons reçu deux d'entre eux, ces temps derniers, — écrivait la directrice de l'École en 1916 — et ils ont conservé de leur séjour au milieu de nous un souvenir profondément attendri et reconnaissant; nos enfants ont même pris à leur charge la femme et les trois enfants de l'un d'eux. Enfin elles contribuent autant et plus qu'elles le peuvent, à toutes les œuvres que la guerre a fait éclore. Quand notre hôpital s'est fermé, elles se sont chargées de l'entretien du linge des blessés de l'hôpital 12 (Lycée de garçons[1].) »

Un directeur d'école de Luçon, M. Barraud, a créé dans cette ville une œuvre destinée à venir

1. Rapport de M. Châles au Conseil général de la Vendée, session d'août 1916.

en aide aux blessés nécessiteux, qu'il a baptisée du nom pittoresque de l'*Œuvre du Blessé sans le Sou*. « On voit souvent, écrivait le promoteur de l'œuvre à l'inspecteur d'académie[1], dans les hôpitaux, comme dans les filiales, des soldats blessés dénués de tout argent de poche. Les uns ont leur pays occupé par l'ennemi, et leurs parents, évacués ou disparus, ne peuvent les assister. Les autres appartiennent à des familles pauvres. Tous sont dignes d'intérêt et il est pénible de les voir la bourse vide, au moment où ils sont appelés à rejoindre leurs dépôts. — Leur donner une pièce de cinq francs au moment du départ est, je crois, une bonne œuvre. Jusqu'à ce jour, nous nous étions acquittés de cette tâche. L'idée m'est venue de faire appel à tous ceux qui s'intéressent au sort de nos soldats et j'ai organisé avec l'aide des blessés de la filiale et des enfants de l'école, un concert qui a produit la somme de trois cents francs. — C'est dire que mon idée a été bien accueillie. »

Le ministère de l'Instruction publique ayant préconisé la création de jardins scolaires, des insti-

1. *Bulletin de l'Instruction Primaire de la Vendée*, juin 1915.

tuteurs ont eu l'heureuse pensée d'attribuer à des œuvres charitables le prix de vente des légumes. C'est ainsi qu'à Saint-Philbert du Pont-Charrault, l'instituteur avait récolté des pommes de terre et des haricots dans un terrain communal et dans des parcelles de terrain cédées par des cultivateurs. Le produit net (environ 760 francs) a été consacré par lui à secourir les orphelins de guerre de la commune, et à faire des dons à l'Œuvre des pupilles de l'École publique et au Comité départemental de secours. Le reliquat a été affecté à l'achat par l'école de deux titres de rente du troisième emprunt de la Défense Nationale.

Des écoles ont envoyé au front des paquets du soldat. Le directeur de l'école publique de Saint-Hilaire-des-Loges, avec le concours de ses élèves et de leurs familles, a fait parvenir au 84e territorial plus de 100 paquets composés de chocolat, de tabac, de papier à lettres et de crayons. L'école publique de filles du Langon a de même envoyé de nombreux paquets aux régiments vendéens. Chaque paquet renfermait une lettre d'enfant. Deux très jeunes élèves de cette école, dont le père a disparu dès le début de la guerre, avaient confectionné des pelotes tricolores qu'elles vendaient au profit des prisonniers de guerre. Au spécimen envoyé au préfet de la Vendée elles avaient joint une lettre qui mérite d'être reproduite : « Monsieur le Préfet, nous avons l'honneur de vous adresser la somme de 34 fr. 50 qui provient de la vente d'une certaine quantité de petites pelotes que nous avons confectionnées nous-mêmes et dont nous vous envoyons un échantillon par ce même courrier. Nous désirons, Monsieur le Préfet, offrir cet argent aux soldats français, prisonniers de guerre en Allemagne, à l'occasion du nouvel an. Nous sommes heureuses, ma sœur et moi, d'avoir fait cela, nous qui n'avons pas eu le temps d'envoyer quoi ce soit à notre pauvre papa disparu depuis le début de la guerre. La même pensée nous était venue l'année dernière. Aidées de notre bonne tante, nous organisâmes une vente de petits objets analogues, et nous reçûmes la somme de 121 fr. 85 que Mlle Réveillaud, notre institutrice, se chargea de vous faire parvenir. — Daignez agréer, etc. Marguerite Vrillonneau, 10 ans, Josette Vrillonneau, 7 ans, aux Roches, commune du Langon (Vendée). »

Cette touchante lettre montre la vaillance et la générosité de nos petits Français. Les élèves sont dignes des maîtres qui se sont vaillamment comportés au feu. On comprend que l'inspecteur d'académie de Vendée ait noté avec quelque fierté la large place qu'occupe le département dans le Livre d'Or de l'Université : « Sur 343 instituteurs et élèves-maîtres de l'Ecole Normale » qui ont été appelés sous les drapeaux « ..... sont morts à l'ennemi, ... sont prisonniers ou disparus; 37 ont été promus sous-lieutenants, 9 lieutenants et 9 capitaines; 47 ont été cités à l'ordre du jour[1]. » 4 ont été décorés de la médaille militaire et 3 de la légion d'honneur[2].

1. Rapport de M. Châles, inspecteur d'académie délégué, au Conseil général de la Vendée, session d'août 1917.

2. Dans l'enseignement secondaire, les professeurs ne se sont pas moins bien comportés. Trois professeurs du Lycée de La Roche-sur-Yon, grièvement blessés, les lieutenants Camus et Thomas, le sous-lieutenant Piobetta, ont été l'objet de plusieurs citations et ont reçu la croix de la légion d'honneur. Deux autres professeurs, le lieutenant Pignet et le sergent Pelloux, ont été tués.

X

Le Comité Départemental de Secours aux Blessés, aux Soldats du front, aux Réfugiés, aux Prisonniers de guerre, aux Réformés et aux Mutilés de la guerre.

De toutes les œuvres d'assistance à la guerre de la Vendée, la plus importante est le Comité départemental de secours. Sa création remonte au commencement de septembre 1914.

En présence des efforts faits dans le département de tous côtés, mais d'une façon un peu disséminée, pour venir en aide aux blessés envoyés dans les hôpitaux ou ambulances et pour recevoir les réfugiés dont l'arrivée était annoncée, le préfet fut amené à penser qu'une organisation et une direction d'ensemble, une œuvre de centralisation et de coordination d'initiatives éparses étaient nécessaires. De cette idée est né le Comité départemental de secours, qui, sous la présidence du préfet, comprend les sénateurs et députés, les maires des trois chefs-lieux d'arrondissement, des fonctionnaires, des notabilités civiles et militaires et des représentants de la presse locale et régionale. Il est administré par une commission permanente de douze membres.

Dès sa constitution, le comité décida l'ouverture d'une souscription publique dont le produit était destiné à accorder des subventions aux hôpitaux et ambulances et subsidiairement à secourir les réfugiés. L'œuvre portait le titre de Comité départemental de secours pour les blessés et d'aide pour les réfugiés français et belges. Mais presque immédiatement elle élargit son rayon d'action, et décida d'améliorer la situation des soldats du front en leur envoyant des paquets, dits paquets du soldat. Ces paquets qui furent confectionnés à l'ouvroir de la Préfecture dirigé par Mme Tardif, continrent un tricot ou chandail, une chemise de flanelle-coton, un caleçon, une paire de chaussettes de laine, deux mouchoirs, un savon et deux serviettes. Chaque paquet avait une valeur d'une quinzaine de francs. Près de deux mille paquets furent adressés aux régiments d'infanterie de La Roche-sur-Yon et de Fontenay-le-Comte, au régiment de dragons de Luçon et au corps des fusiliers-marins.

Afin d'activer les expéditions au front, le comité renonça au bout d'un certain temps au système des paquets individuels qu'il remplaça par des ballots collectifs.

L'aide aux hôpitaux et les envois au front allèrent au reste de pair. En même temps que le comité s'efforçait d'augmenter le bien-être des combattants, il envoyait des quantités fort importantes de provisions ou de linge aux blessés. Il accordait des subventions aux hôpitaux : il dotait ainsi les formations sanitaires les plus importantes du département, d'appareils de mécanothérapie ou de chirurgie. S'il faisait parvenir aux unités du front des sous-effets chauds, il en adressait en égale quantité aux hôpitaux et ambulances.

En dehors des acquisitions d'effets confectionnés (tricots, chemises et caleçons), le comité acheta pendant l'hiver 1914-1915, toute la laine qu'il put se procurer dans la Vendée et dans la Loire-Inférieure. La laine ayant été réquisitionnée par l'intendance, Mme Belaud, dactylographe de la Préfecture, devenue chef du rayon de la laine du comité, dut aller chercher jusque chez les merciers et les courtiers de villages les quelques paquets de laine qui leur restaient. Le comité se mit en rapports avec les tricoteuses du département, et leur fit confectionner des tricots ou chandails, venant de la sorte en aide aux ouvrières en chômage. Il se procura le concours des institutrices publiques et privées : chaussettes, genouillères, gants, cache-nez et passe-montagnes furent tricotés gratuitement dans les écoles pendant les heures de travail manuel, pour le compte du comité[1].

Par la suite, tenant compte des besoins qui lui étaient signalés, le Comité départemental fit pour les hôpitaux et pour le front des acquisitions de linge, de sous-vêtements et d'objets de toilette. Il organisa des Noëls des soldats et des blessés, et dans les hôpitaux de La Roche-sur-Yon des fêtes des Rois. Il envoya au front des articles de fumeurs et des jeux, notamment le jeu vendéen de l'aluette. « Tous nos hommes, écrivait à cette occasion un de leurs chefs, sont heureux d'avoir retrouvé ce jeu qui est beaucoup leur « chez eux » et devient le

1. Le placement des billets de la tombola organisée en 1916 par le Comité départemental eut également lieu par les soins des écoles publiques et privées du département.

trait d'union entre le souvenir du passé et l'espérance de l'avenir. »

Le Comité départemental est venu en aide aux réfugiés français et belges en donnant, pour parer aux premiers besoins de ces malheureuses victimes de la guerre, une subvention de cinq cents francs au moment de l'arrivée de chaque convoi dirigé sur la Vendée. Des lots de linge et de vêtements étaient en même temps distribués aux réfugiés. A ceux-ci avaient été assimilés les hommes du 1er régiment d'artillerie lourde dont le dépôt avait été transféré à La Roche-sur-Yon et qui comprenait des territoriaux des régions envahies; une quantité importante d'objets d'habillement leur fut donnée.

Étendant encore son action, le Comité départemental décida en avril 1915, pour atténuer la détresse de nos compatriotes internés dans les camps allemands, d'envoyer des secours de vivres aux prisonniers de guerre vendéens. Le premier envoi eut lieu deux mois plus tard. Des expéditions aussi régulières que possible le suivirent et comprirent, outre les vivres (biscuit, chocolat, bouillon, conserves de sardines ou de viande, tabac), des chemises, des caleçons, des chaussettes, des sabots, des vêtements et des livres.

Le comité ne crut pas devoir adopter la méthode généralement employée par les œuvres de secours aux prisonniers de guerre et suivant laquelle des vivres sont envoyés uniquement aux prisonniers classés comme nécessiteux. Une telle règle lui ayant paru trop rigide et d'une application qui risquait de tomber dans l'arbitraire, il secourt tous les prisonniers vendéens pour lesquels les familles demandent son assistance. Aucun abus ne lui a été signalé par les comités des camps, comme conséquence de cette pratique libérale.

Les premiers envois dans les camps allemands furent faits en ballots collectifs. Afin de toucher plus sûrement tous les destinataires, les envois suivants furent effectués sous la forme de colis individuels groupés par camp dans des caisses, et adressés à Genève en wagons plombés; la maison A. Natural, Le Coultre et Cie se chargeait à Genève, à titre gracieux, de faire la réexpédition à Stuttgard où avait lieu la répartition entre les camps. Pour répondre aux exigences des autorités allemandes, le comité dut renoncer à ce mode d'envoi, quelque pratique qu'il fût, et recourir à l'expédition de colis postaux voyageant isolément.

Ce ne furent pas là les seules difficultés auxquelles se heurta le comité. Ses expéditions furent entravées au moment de la suppression des envois de pain et de biscuit effectués par les œuvres départementales de secours et par les familles; et surtout lorsque, dans le courant de l'année 1917, les envois des boîtes de conserves dans les camps allemands, furent suspendus. Le comité, qui avait alors en magasin une grosse quantité de conserves de viande ou de sardines, dut pendant un certain temps interrompre ses expéditions, et se procurer, non sans peine, des denrées de substitution (riz, tubes de bouillon, sachets de café, fromage, saucissons).

Le nombre des prisonniers secourus en effets d'habillement ou en vivres par le comité s'élève environ à 4.000. A chacun de ceux auxquels il expédie des vivres (3.500) il envoie actuellement tous les mois un colis d'une valeur approximative de 7 francs. Un accusé de réception est joint à chaque envoi; en le retournant, le prisonnier indique à quelle date et en quel état il a reçu le colis, il mentionne sa dernière adresse et signale ses besoins. Par cette correspondance, par les déclarations des grands blessés rapatriés en France ou des prisonniers internés en Suisse, le comité a l'assurance que la majeure partie de ses envois parviennent à ses protégés. Cette opinion est d'ailleurs partagée par le public; beaucoup de familles en situation de secourir des prisonniers se sont adressées à l'association, dans la conviction qu'ayant des attaches officielles, ses envois arriveraient à destination plus sûrement que des envois privés. A leur demande, le comité a dû se charger de l'expédition de colis payants de vivres, du prix de 5 fr. 50 ou de 8 fr. 50. Il ne réalise sur cette opération qu'un léger bénéfice, qui vient s'ajouter au chiffre de ses recettes.

Désireux de justifier qu'il était une œuvre générale d'assistance à la guerre, le comité se préoccupa, à la fin de l'année 1915, des questions de placement et de rééducation professionnelle des mutilés et des réformés. Il créa un office de placement pour ces victimes de la guerre. Il subventionna et facilita le développement des ateliers de travail pour les blessés (vannerie et saboterie), installés auprès des services de mécanothérapie de Saint-Laurent-sur-Sèvre. Il fit une active propagande pour faire connaître les centres de rééducation professionnelle et décider les mutilés à y entrer. Il contribua à obtenir dans le département la réouverture de l'école d'agriculture de Pétré et son affectation à la rééducation professionnelle agricole. Il subventionne l'établissement, où il a fait admettre un certain nombre de mutilés. L'enseignement porte sur l'agriculture, l'horticulture, la viticulture, l'élevage, la basse-cour et la laiterie. A la fois théorique et pratique, il dure de trois à six mois.

Le Comité départemental avait secouru à diverses reprises les pupilles de l'assistance publique du département qui se trouvaient sur le front. En conformité de vues avec le Conseil général, il a pensé qu'il devait aller plus loin dans cette voie, et il a décidé d'assister les soldats vendéens du front, nécessiteux et privés de famille. Un secours de cinq francs est envoyé à chacun tous les deux mois. Plus de 250 soldats bénéficient actuellement de ces dispositions.

Le Comité départemental a été aidé dans son œuvre par le concours unanime des populations, du Conseil général et des municipalités[1]. La souscrip-

1. Il convient de citer l'exemple donné par la commune de Saint-Cyr-en-Talmondais (572 habitants) qui, sous l'ins-

tion publique ouverte dans le département, une *Journée des Prisonniers de guerre vendéens*, une *Journée-Tombola*, les crédits votés par les Conseils municipaux, trois subventions de 40.000 francs chacune allouées par l'Assemblée départementale au comité ont procuré à ce jour près de 205.000 francs de recettes, auxquelles se sont ajoutées les subventions accordées par le ministère de la Guerre pour secours aux prisonniers de guerre (308.000 francs).

Le comité a dépensé jusqu'ici 429.000 francs, somme employée à des envois considérables de lainages ou d'objets de lingerie aux soldats du front ou aux blessés des hôpitaux, de vivres aux prisonniers de guerre; à des subventions aux formations sanitaires et aux réfugiés. Sa comptabilité est tenue par M. Theyssier, trésorier-payeur général; sa gestion offre ainsi toutes garanties de régularité.

Les besoins auxquels fit face depuis sa création le Comité départemental, furent tels qu'ils entraînèrent la transformation des locaux de la Préfec-

piration de son maire, le vice-amiral Richard, aujourd'hui décédé, versa chaque mois au comité, et ce pendant 20 mois, le produit de souscriptions qui atteignent au total 4.308 francs.

ture en un véritable entrepôt. Il y eut d'abord le magasin de la laine, avec ses annexes : salles de réception des marchandises et de préparation de paquets de laine envoyés dans les écoles ou adressés à des ouvrières pour la confection d'effets chauds. D'autres pièces étaient affectées à la réception des effets confectionnés et à la préparation de colis pour les unités du front. En même temps fonctionnaient une lingerie, où s'amoncelaient draps, chemises et sous-vêtements; et un vestiaire pour les réfugiés. Les provisions de toute nature, le vin pour les hôpitaux, avaient nécessité la création d'un cellier et d'une cave. Nouvelle organisation quand commencèrent les envois de vivres et de vêtements aux prisonniers de guerre. La salle des délibérations du Conseil général devint un magasin d'habillement où étaient entassés capotes, pantalons et képis. La salle des séances du Conseil de préfecture fut utilisée pour la confection des colis pour l'Allemagne et offrit l'aspect de quelque arrière-boutique d'épicier. Il y eut le dépôt des sabots, la bibliothèque des livres destinés à nos prisonniers. En été, saucissons et fromages furent mis dans une pièce fraîche des Archives. Caisses de conserves, de biscuit, de denrées diverses, ballots de papier d'emballage encombrèrent tous les couloirs. Ce fut l'envahissement de la Préfecture.

Comme nous comprenions l'exclamation de cet étranger, qui, au sortir de la Préfecture, disait en riant : Je croyais être venu dans une administration, je n'aurais jamais pensé que ce fût une maison de commerce! Qu'aurait-il ajouté s'il avait assisté à une des séances hebdomadaires de la commission permanente où, devant le bureau du préfet, garni de produits d'épicerie ou de coupons d'étoffes, des fonctionnaires, un prêtre, un marin, des journalistes, discutent sur les mérites comparés des bouillons ou des conserves et le degré de résistance des lainages?

XI

Le Comité Vendéen d'Assistance aux Blessés de la Tuberculose et de Protection des Réformés n° 2.

Ce fut en conformité du plan arrêté par le ministère de l'Intérieur pour venir en aide aux militaires tuberculeux rendus après réforme à la vie civile, qu'un Comité départemental d'assistance aux blessés de la tuberculose fut constitué en Vendée. Créé en mai 1916, il réunit à côté du préfet, président, des médecins, des hygiénistes, des administrateurs, des membres de l'enseignement et des représentants des sociétés de secours mutuels, des sociétés de secours aux blessés, des bureaux de bienfaisance ou des établissements hospitaliers.

Dès qu'un militaire réformé pour tuberculose lui est signalé, le comité procède à une enquête sur sa situation de famille et de fortune. Puis, il fait examiner le malade par un médecin, et il lui cherche un moniteur d'hygiène. Ce moniteur reçoit un exemplaire du guide édité par le Comité central d'assistance aux militaires tuberculeux, guide qui contient des indications pratiques en vue d'enrayer la propagation de la tuberculose. Il est chargé de visiter le tuberculeux et de veiller à l'accomplissement des mesures d'hygiène nécessaires, soit pour le traitement du malade, soit pour la protection de son entourage. Si l'ancien militaire est nécessiteux, le comité lui alloue un secours mensuel, pour lui permettre de se procurer l'alimentation, les soins et les médicaments dont il a besoin, ou de chercher un meilleur logement.

Un accord étant intervenu à la fin de 1916 entre le Comité central d'assistance aux tuberculeux (Président M. Léon Bourgeois), et la Protection du réformé n° 2 (Président M. Millerand) en vue de coordonner l'action des deux œuvres, une section spéciale de la Protection fut adjointe au Comité départemental de Vendée. Cette dernière association prit alors le titre de Comité vendéen d'assistance aux blessés de la tuberculose et de protection des réformés n° 2. Le procureur de la République de la Roche-sur-Yon, M. Proust, est au sein du comité le délégué spécial de la Protection du réformé n° 2.

Le comité est subventionné par le Conseil général, en même temps que par l'Etat. Il étend son assistance matérielle ou morale sur environ 140 anciens militaires tuberculeux ; il accorde à une partie d'entre eux des secours mensuels qui vont de 10 à 25 francs. Il a fait en outre, pour tous les réformés n° 2 non tuberculeux dont les noms lui ont été donnés, une enquête dans les communes et, après examen, il en a transmis les résultats, pour attribution de secours, au comité de Paris.

Le Comité vendéen, bien que possédant des ressources relativement peu importantes, s'efforce de venir en aide aux malheureuses victimes de la guerre dont il a assumé la tutelle morale, et de remplir aussi largement que possible à leur égard son œuvre de solidarité sociale.

XII

Le Comité Départemental Franco-Belge.

Dès la réception des premiers réfugiés en Vendée, un office de renseignements et de placement avait été organisé à leur intention à la Préfecture. Il s'était occupé avec activité des réfugiés : il en avait dressé des listes détaillées par communes, il avait recherché du travail pour eux et avait trouvé un emploi à beaucoup.

En vue de donner de l'extension à cet office, le préfet créa en novembre 1914 un Comité franco-belge, composé, sous sa présidence, d'éléments français et belges pris en partie parmi les réfugiés eux-mêmes.

Ce comité avait pour but principal de procurer du travail aux réfugiés et d'assurer leur installation en Vendée dans les meilleures conditions. Il est, à ce double point de vue, en rapports suivis avec le Consulat de Belgique à Nantes, et avec le Comité officiel belge de secours aux réfugiés de sainte-

Adresse, auquel il est affilié depuis sa constitution. Il comprend des sous-comités à La Roche-sur-Yon, aux Sables d'Olonne et à Fontenay-le-Comte.

Le comité a pu obtenir du Comité franco-belge de Paris pour les réfugiés belges de Vendée, de forts subsides prélevés sur le produit de la Journée du Petit Drapeau Belge. C'est aussi par ses soins qu'ont été distribués aux réfugiés belges les secours accordés par le Comité officiel belge de secours de Sainte-Adresse, ainsi qu'un important don d'argent et d'effets d'habillement fait à l'occasion des fêtes de Noël et du jour de l'an, en décembre 1916, par M. Thubé, consul de Belgique à Nantes, et par Mme Thubé.

A côté de l'assistance matérielle qu'il a donnée aux réfugiés, le comité s'est efforcé de leur apporter une aide morale. Plusieurs de ses membres les ont visités régulièrement. Des publications relatives à la guerre leur ont été distribuées. Le comité est intervenu auprès d'eux pour les décider à envoyer leurs enfants aux consultations de nourrissons; sur ses démarches, plusieurs municipalités ont rouvert des consultations dont la guerre avait suspendu le fonctionnement.

Sous l'inspiration de son président, M. Boivin,

sous-préfet, le sous-comité de Fontenay-le-Comte a ouvert dans cet arrondissement une souscription publique. Les sommes qu'il a recueillies lui ont permis de faire aux réfugiés des distributions de vêtements et de sous-vêtements, et d'accorder des secours pour chaque naissance d'un enfant de réfugié.

Le Comité franco-belge s'est occupé de la situation des dentellières réfugiées en Vendée. Il s'est également intéressé aux marins belges embarqués sur les navires de pêche au titre français. Il n'a pu obtenir, pour les armateurs des bateaux employant ce personnel, l'exonération des charges de l'article 262 du Code de commerce, et la participation à titre temporaire des marins belges au bénéfice de la Caisse de prévoyance des marins français, celle ci ayant été instituée par la loi du 29 décembre 1905 au profit exclusif de nos nationaux. Il a, du moins, fait décider par le sous-secrétaire d'État de la Marine marchande, que rien ne s'opposait à l'admission, pendant la durée des hostilités, des marins belges en résidence aux Sables d'Olonne au sein de la Société de secours mutuels syndicale des marins pêcheurs de ce port, une subvention supplémentaire étant prévue si cette admission était prononcée par la société. Cette association a accepté sans difficulté de faire bénéficier les marins belges, des avantages réservés par ses statuts aux marins français.

XIII

Le Comité de l'Or et des Titres de la Défense Nationale.

C'est le 2 juillet 1915 que M. Ribot, ministre des Finances, faisait son Appel à l'or. La campagne pour les échanges d'or contre des billets de la Banque de France commença immédiatement en Vendée. Des articles de propagande furent publiés dans la presse locale. Le directeur de la succursale de la Banque de France à La Roche-sur-Yon adressa un appel aux municipalités et aux populations. Son envoi dans les communes était accompagné d'une lettre du préfet, qui demandait aux maires de prêter à la Banque le concours de leur autorité auprès de leurs concitoyens. L'inspecteur d'académie intervint de même auprès des instituteurs. Les représentants de la Banque parcoururent les communes. Sur tous les points du département, les versements d'or affluèrent. Ils représentaient vers la fin de novembre 1915, un total de 9.833.000 francs.

C'est alors que s'ouvrit la période de préparation du premier Emprunt National. Des mesures de propagande nouvelles s'imposaient. Nos cultivateurs étaient peu au courant des opérations de banque, ne pratiquant que les placements immobiliers. Il fallait réagir contre leurs habitudes, leur faire comprendre le mécanisme de la grande opération financière qui était entreprise et leur prouver qu'il était à la fois de leur devoir et de leur intérêt d'y participer. Le préfet constitua sous sa présidence un Comité de l'Or et des Titres de la Défense Nationale, composé des autorités civiles et religieuses du département, des sénateurs, députés et conseillers généraux, des maires des principaux chefs-lieux, des directeurs de banques et des représentants de la presse. A la réunion qu'il tint à la Préfecture, le comité dressa un programme d'action pour susciter de larges souscriptions à l'emprunt : circulaires du préfet aux maires et de l'inspecteur d'académie aux instituteurs; lettre adressée au clergé par le directeur de la succursale de la Banque de France à la Roche-sur-Yon, dans la *Semaine Catholique* du diocèse; réunions des maires et des notabilités, organisées aux chefs-lieux de cantons par les conseillers généraux et les conseillers d'arrondissement; concours des administrations financières, de la Banque de France et des banques privées, des services des Postes et Télégraphes, des chambres de notaires; propagande par la voie de la presse.

Trente-deux millions en capital furent souscrits en Vendée. Quelque beaux qu'aient été ces résultats, ils auraient pu être très sensiblement dépassés si la période de préparation de l'emprunt et sa durée d'émission eussent été plus longues.

Après l'emprunt, la campagne pour les échanges de l'or s'était ralentie. Au printemps de 1916, il parut nécessaire de la reprendre, en vue d'intensifier les versements d'or en même temps que la souscription aux bons et obligations de la Défense Nationale. Dans une réunion qui eut lieu en avril 1916, le Comité de l'Or décida de recommencer sa propagande en la rendant plus active. Des circulaires pressantes furent envoyées par le préfet aux maires, par l'inspecteur d'académie aux instituteurs, par les vicaires capitulaires de l'Evêché de Luçon aux prêtres du diocèse. Le département fut visité chaque semaine par les représentants de la Banque de France et de la Banque Amédée de Fontenay-le-

Comté. Des articles, des communiqués hebdomadaires furent publiés dans la presse locale et régionale. Une action personnelle des membres du comité fut exercée partout où le besoin s'en fit sentir.

Un tract populaire de propagande fut plus tard répandu à un grand nombre d'exemplaires dans le département. Ce tract, rédigé par M. l'abbé Rousseau, membre de la commission de propagande du Comité, revêtait la forme d'une lettre familière à un métayer par « son maitre, notaire à X. » Ecrite par un homme qui a vécu au milieu des populations rurales, émaillée de locutions vendéennes, la lettre eut beaucoup de succès dans les campagnes. Celui qui l'envoie demande à son métayer de combattre pour le pays en donnant l'or qu'il possède, afin de mener la guerre jusqu'à la victoire finale. Puis il invoque des considérations d'intérêt susceptibles de toucher son correspondant : « Finir la guerre sans la victoire complète, définitive, ce serait la ruine pour tout le monde. Nos enfants auraient versé inutilement leur sang. — Si nous étions vaincus... ce n'est pas cinq milliards, (comme en 70) mais cinquante, et plus peut-être, qu'on nous demanderait. Ton or, tes champs, tout y passerait avec des impôts à payer si épouvantables que la peur me prend rien que d'y penser. — Maintenant écoute-moi bien: si tu verses ton or, tu permets au gouvernement d'acheter à l'étranger les choses nécessaires, parce que, dans ces pays-là comme chez nous, les billets de banque étrangers ne sont pas acceptés. Les boches ayant beaucoup moins d'or que nous, tu comprends qu'on ne les ravitaillera pas pour leurs beaux yeux. Sans monnaie on a rien du tout. — Or toi, on te change ton or pour des billets, c'est solide comme un chêne têtard, c'est la signature de la France... — Je me résume en un mot: verser son or, c'est nous donner promptement la victoire, c'est ramener chez toi ton gars, le bon travailleur, empêcher les mères de pleurer, faire sourire les promises, faire revenir le père auprès de ses petits enfants. Vois maintenant, mon cher François, si tu auras le cœur de garder dans un fond de tiroir, les quelques louis d'or dont tu ne fais rien et qui sauveront le pays. — J'entends, tu me dis: « Quoique j'vas faire des billets de banque que je recevrai, en place de mon or? en ce moment, y a pas de terres à vendre. » — Eh! bien, tu vas prendre des Bons de la Défense Nationale: c'est une autre manière de charger son fusil pour tirer sur les boches. Tu as changé ton or, c'est très bien; maintenant, prête ton argent au Gouvernement qui t'en donnera 5 pour 100, le vieil intérêt qu'on ne connaissait plus. On te le remboursera comme tu voudras. A la fin de la guerre, tu pourras redemander ton or, si tu y tiens. Tu auras, tout en servant le pays, augmenté ton boursicot d'une belle somme, et si, à côté de chez toi, tu vois un champ à ta convenance, tu l'achèteras... — Maintenant, mon cher François, tu as mon idée là-dessus. — Moi, ça me ferait mal au cœur de penser que les pauvres gars de chez nous vont passer un autre hiver dans la tranchée, pleurer, saigner, mourir, parce que j'ai préféré garder mes louis d'or, plutôt que de les échanger pour sauver la France et ses braves soldats... »

La campagne du Comité de l'Or a eu les plus heureux effets. La collecte de l'or donna près d'un million en mai 1916. Les échanges d'or se poursuivirent d'ailleurs sans discontinuer, depuis cette époque, aux guichets du Trésor, aux recettes des postes et dans les banques. Ils atteignirent des chiffres élevés à l'occasion de l'émission du second emprunt de Défense Nationale, qui eut lieu en octobre 1916 : 1.056.950 francs d'or furent versés en octobre 1916. Ces beaux résultats se maintinrent pendant plusieurs mois, à tel point qu'en avril 1917 les échanges d'or atteignirent près d'un million.

Le total des échanges faits en Vendée se monte à l'heure actuelle à 21.600.000 francs. Il convient de citer en particulier le bel exemple donné par les deux communes de l'île de Noirmoutier, qui depuis le commencement de la campagne de l'or, ont versé 845.000 francs d'or. L'île comptant 8.500 habitants, il y a eu une proportion d'environ 100 francs d'or par tête, résultat remarquable pour des communes rurales.

Le Comité de l'Or fit pour le second emprunt de Défense Nationale une propagande aussi active que pour le premier. Le préfet pria les maires d'user de leur influence pour décider leurs administrés à participer à l'emprunt. Il leur demanda en outre d'intervenir auprès des conseils municipaux, et des commissions administratives des hôpitaux, des hospices et des bureaux de bienfaisance pour que ces assemblées emploient en souscriptions leurs fonds disponibles. Comme président d'une des sociétés de secours mutuels du département, il envoya un appel aux mutualités. L'évêque de Luçon recommanda dans la *Semaine Catholique*, les souscriptions à l'emprunt; l'inspecteur d'académie s'adressa de son côté au corps enseignant. Le Comité de l'Or fit paraître sous le titre *Une bonne action, Une bonne affaire*, une brochure qui contenait des articles du préfet de la Vendée, de l'inspecteur d'académie, du trésorier payeur général et du directeur de la succursale de la Banque de France, ainsi qu'une chanson due à la plume d'un membre du comité. En même temps le comité, les sénateurs et députés, les membres du Conseil général du département invitaient par voie d'affiches les Vendéens à souscrire à l'emprunt, « pour la Patrie, pour l'Honneur de la Vendée. » Ces affiches furent suivies de placards par lesquels le comité expliqua ce que signifiait l'interdiction pour l'État de remboursement et de conversion des nouveaux titres jusqu'au 1er janvier 1931. Beaucoup n'étant pas habitués aux termes de bourse, avaient compris que s'ils participaient à l'emprunt, il leur serait impossible, au cas où ils auraient besoin d'argent, de rentrer dans leurs fonds avant 15 ans. Il importait de détruire pareille erreur.

Ces efforts, joints à ceux des comptables du

Trésor, des banques et de la presse, furent couronnés de succès : environ 29 millions en capital furent souscrits en Vendée.

Le Comité de l'Or ne manquera pas de renouveler sa propagande au moment de l'émission du troisième emprunt ; il s'efforcera encore de provoquer de nombreuses souscriptions.

En dehors des emprunts, les populations vendéennes ont acquis dans de fortes proportions, les autres titres de la Défense Nationale. A la date du 1er octobre 1917, il avait été pris, en effet, dans le département, pour plus de 9 millions d'obligations et pour près de 100 millions de bons.

Ces chiffres, s'ajoutant aux résultats de la collecte de l'or et de la souscription aux emprunts, montrent éloquemment quelle a été l'importance de la participation financière de la Vendée à l'œuvre de la Défense Nationale.

LA SOLIDARITÉ VENDÉENNE

XIV

Le Blé pour les Départements envahis. Les Journées.

Au lendemain de l'invasion par les armées allemandes d'une partie de notre territoire, des secours furent adressés de tous les points de la France aux régions éprouvées par les événements de guerre. Un certain nombre de départements apportèrent leur aide sous la forme d'envoi de produits de leur sol. Pensant que la Vendée ne devait pas rester en dehors de ce mouvement de solidarité nationale, le préfet adressa, en novembre 1914, aux communes un appel par lequel il leur demandait d'offrir du blé à nos compatriotes.

En un magnifique élan de générosité, le département répondit à cet appel au delà de toutes espérances.

Bien que le cours du blé fût en hausse croissante, les populations mirent à la disposition du préfet 312.087 kilogr. de cette denrée. Elles livrèrent, en outre, 45.937 kilogr. de pommes de terre et 2.713 kilogr. de haricots. Les produits offerts représentaient une valeur supérieure à 100.000 francs, somme à laquelle il faut ajouter le montant des souscriptions en espèces qui dépassaient 13.000 francs.

Les denrées données par la Vendée reçurent les destinations suivantes : 122.767 kilogr. de blé furent dirigés sur les Vosges; 100.000 kilogr. de blé et 5.576 kilogr. de pommes de terre furent envoyés dans la Meurthe-et-Moselle. La Marne reçut 119.320 kilogr. de blé, 40.361 kilogr. de pommes de terre et 2.713 kilogr. de haricots.

Grâce à l'activité et au dévouement des municipalités, des personnels de la Compagnie des chemins de fer de l'Etat et des Tramways, et de diverses notabilités agricoles, les convois purent être formés et dirigés sur les départements destinataires dans les conditions les plus satisfaisantes. Voulant participer aux libéralités faites par le département, les Chemins de fer de l'Etat et les Tramways consentirent à effectuer les transports avec une réduction de 50 pour 100 sur leurs tarifs.

Sur le produit des souscriptions en argent,

11.000 francs furent prélevés pour être versés au Comité du secours national ; le reliquat fut affecté à l'achat de linge ou d'effets d'habillement pour les réfugiés français reçus en Vendée.

L'acte de générosité des populations vendéennes leur valut les chaleureux remerciements des ministres du Commerce et de l'Intérieur, de M. Léon Bourgeois, président du Groupe des représentants des départements envahis, et des préfets des régions qui avaient bénéficié des envois du département. M. Léon Mirman, préfet de Meurthe-et-Moselle, envoya à son collègue de Vendée cette belle lettre :

« Je vous prie de dire à nos frères de Vendée, combien les Lorrains sont émus de cette marque de sympathie. Jamais, n'est-il pas vrai, nous n'avons senti comme aujourd'hui combien sont étroits les liens d'affection qui unissent chacun de nous à la collectivité nationale, et ce n'est pas un vain mot, mais une réalité vivante et magnifique que cette « union sacrée » qui fait tout à la fois la grandeur morale et la force matérielle de notre France. Cette solidarité revêt les formes les plus variées et c'est assurément l'une des plus touchantes que celle de la souscription en nature, en produits de leur sol, faite par les cultivateurs vendéens, pour leurs frères des régions sinistrées : ce n'est pas seulement l'union des cœurs, mais comme un symbole puissant de la « terre de France. »

Certains de nos malheureux compatriotes secourus adressèrent aussi à la Vendée l'expression de leur gratitude. C'est ainsi qu'une cultivatrice de l'arrondissement de Vitry-le-François écrivait au préfet en termes touchants : « Ayant perdu tout ce que je possédais dans un incendie allumé au cours de la bataille de la Marne, je viens d'être appelée à recevoir une certaine quantité de blé envoyé par votre département pour les victimes de la guerre. Je vous prie de vouloir bien remercier les braves populations vendéennes de leur sympathie et des secours qu'elles ont envoyés dans les circonstances douloureuses que nous traversons. »

Les offres de blé pour les départements français envahis provoquèrent d'autres libéralités. Bien que la Vendée ne soit pas à proprement parler un département viticole, elle tint en 1914 et en 1915, à mettre à la disposition gratuite de l'armée une quantité appréciable de vin.

Toutes les offres ne furent pas utilisées. L'autorité militaire ne retint que celles qui provenaient de sept communes, où environ 250 hectolitres de vin lui furent donnés pour nos troupes. Deux communes, en particulier, celles de Rocheservière et de Luçon consentirent d'importantes cessions.

***

En dehors de ces dons en nature, la Vendée a participé avec empressement aux nombreuses Journées organisées par des œuvres de secours :

Journée du Petit Drapeau Belge (20 décembre 1914), organisée par le Comité franco-belge de Paris;

Journée du 75 (7 février 1915), dûe à l'Œuvre du soldat au front, qui avait été créée par le Touring-Club de France pour améliorer l'hygiène et augmenter le bien-être des combattants;

Journée des Prisonniers de Guerre Vendéens (9-13 mai 1915), au profit du Comité départemental de secours de Vendée;

Journée française (23-24 mai 1915), œuvre du Comité de secours national et du Groupe parlementaire des départements envahis, dont le but était de venir en aide aux misères de toutes sortes engendrées par la guerre et d'assister notamment les populations des départements envahis.

Journée de l'Orphelinat des Armées (20 juin 1915), au profit des orphelins de la guerre;

Journée des Éprouvés de la Guerre (26 septembre 1915), œuvre du Syndicat de la Presse parisienne;

Journée du Poilu (25-26 décembre 1915), dûe aux membres du Parlement;

Journée-Tombola (5-12 mars 1916), organisée au profit de ses œuvres de guerre par le Comité départemental de secours de Vendée;

Journée Serbe, qui eut lieu en juin 1916 sous les auspices du Comité de secours national;

Deuxième Journée des Orphelins de la Guerre (19 novembre 1916);

Journée des Tuberculeux anciens militaires (3 mars 1917), organisée par le Comité central antituberculeux;

Journée de l'Armée d'Afrique et des Troupes Coloniales (18 juin 1917).

Le total de ces journées a dépassé 220.000 francs[1].

1. Trop rapprochées les unes des autres, les Journées se sont nui, par la force des choses. En outre, comme l'a fait observer M. Tallendeau, rédacteur en chef du journal

Il y aurait lieu pour être complet, d'ajouter à ce chiffre, le montant des sommes recueillies dans les écoles pour la *Journée Scolaire Serbe*, l'*Accueil Français* ou la *Cocarde du Souvenir;* et celui de tous les crédits votés par les conseils municipaux pour venir en aide à de nombreuses œuvres de guerre. Les résultats obtenus sont une nouvelle preuve des sentiments de solidarité manifestés depuis le début de la guerre par les populations vendéennes.

Le *Populaire* de Nantes (n° du 6 juillet 1916), leur succès, si élevé que fût leur but, est allé en décroissant, parce que leur formule restait la même et ne suffisait plus pour retenir l'attention du public et forcer sa générosité. M. Tallendeau demandait avec raison le remplacement des Journées par une Loterie nationale, dont le bénéfice serait réparti entre les œuvres de guerre les plus utiles. Le principe des loteries a été admis depuis, les œuvres d'assistance étant actuellement autorisées à organiser des tombolas qui comportent comme lots, des bons ou obligations de la Défense Nationale.

LA VIE ÉCONOMIQUE

XV

L'Agriculture Vendéenne.

Bien peu, en dehors de la région de l'Ouest, se doutent, dans le grand public, de l'importance de la Vendée au point de vue agricole. C'est cependant un des départements qui sont à la tête de la production agricole de notre pays. C'est un de ceux qui, depuis la guerre, ont fourni le plus de bétail et de produits du sol au ravitaillement de l'armée; un de ceux aussi où, malgré tous les obstacles, l'activité agricole ne s'est pas ralentie un seul instant.

La Vendée était avant la guerre, et elle est restée, le département ayant le cheptel bovin le plus élevé. L'effectif de ce cheptel dépassait en 1913, 412.000 têtes; il est actuellement de 384.930 têtes[1]. Très atteint par les réquisitions qui ont suivi la

1. V. *Journal Officiel* du 8 octobre 1917. Effectif des animaux de ferme au 1er juillet 1917.

mobilisation, puisqu'il était descendu à la fin de 1914 à 364.000 têtes, il a pu être reconstitué, et, malgré les prélèvements continuels de l'intendance militaire, il a été augmenté de 20.000 têtes en trois ans.

En ce qui concerne les produits agricoles, la dernière statistique qui ait été publiée, celle de 1915, donne à la Vendée le premier rang, parmi les départements, pour les choux fourragers; le deuxième, pour les féveroles; le troisième, pour le millet; le quatrième, pour les haricots; le cinquième, pour les rutabagas et navets fourragers. La surface cultivée en haricots a été sensiblement étendue depuis les hostilités. Cette augmentation est dûe soit à la hausse du produit, soit au fait que sa culture peut être pratiquée aisément par la femme et l'enfant.

Pour le blé, la Vendée occupait en 1913 le vingt-deuxième rang, avec 1.483.000 quintaux. En 1915, elle passait au quinzième, avec 1.163.520 quintaux. En 1916, sa production s'est élevée à 1.517.000 quintaux; pour 1917, elle ne paraît pas devoir être inférieure à 1.400.000 quintaux.

Les semailles d'automne, qui se faisaient en temps normal, pour les blés, sur 148.700 hectares, ont porté en 1914 sur 141.700, et en 1915 sur 134.800 hectares. En 1916, la surface ensemencée a été de 130.000 hectares; la Vendée s'est ainsi trouvée avec le Maine-et-Loire, où le chiffre des hectares ensemencés a été le même, en tête de tous les départements pour la culture du blé[1].

Avant les hostilités, les cultivateurs vendéens ne semaient pas de blé de printemps. Sous l'impulsion du directeur des services agricoles, M. Biguet, en fonctions dans le département depuis plus de trente ans, ils ont ensemencé au printemps de 1917, 3.000 hectares en blé de Manitoba: ils auraient pratiqué cette culture sur une superficie plus grande, s'ils avaient pu obtenir toutes les semences qu'ils désiraient.

La proportion des terres restées en friche est relativement faible dans le département. Il n'y en a pour ainsi dire pas dans beaucoup de communes. La loi sur les terres abandonnées n'a donc pas eu à jouer en Vendée. Une seule commune, celle de Benet, en a fait application, dans des conditions d'ailleurs heureuses.

1. V. *Journal Officiel* du 30 janvier 1917. Campagne agricole 1916-1917. Evaluations au 1er janvier 1917.

***

Pour obtenir de tels résultats, toute la main-d'œuvre disponible a été employée : permissionnaires, équipes militaires, prisonniers de guerre, internés civils austro-allemands ont été largement utilisés. Mais par-dessus tout, ce sont les vieillards, les femmes et les enfants qui ont fourni pendant trois ans l'effort principal. Assumant une tâche qui eût pu paraître au-dessus des forces humaines, ils ont sans trêve lutté pour que le sol donne son rendement habituel. A peu près partout, la femme a remplacé l'homme, continuant à s'occuper de son ménage, et, en même temps dirigeant les journaliers et faisant elle-même les plus durs travaux de la terre. Elle a pansé le bétail, labouré, hersé, moissonné et fauché. Elle a accompli une œuvre magnifique de vaillance et de ténacité, réalisant de véritables prodiges.

Avec la prolongation des hostilités, le besoin d'une main-d'œuvre masculine se faisait cependant sentir de plus en plus. Le retour à la terre des agriculteurs des vieilles classes était réclamé avec insistance; il fut décidé dans le courant de cette année. Il y a lieu d'attendre de l'application de cette mesure les meilleurs effets. En Vendée, près de 4.000 cultivateurs ont été à ce jour renvoyés dans leurs foyers. Leur présence est de nature à remédier, dans les communes rurales, au manque de main-d'œuvre professionnelle dont se plaignaient les agriculteurs.

Cette absence de main-d'œuvre a eu au reste l'avantage de faire pénétrer le progrès dans les campagnes en obligeant les cultivateurs à se munir d'instruments agricoles et à s'entr'aider. La Vendée était préparée, il est vrai, aux idées de mutualité, puisqu'à côté de nombreuses sociétés de secours mutuels, elle possédait dans ses 304 communes, 350 mutuelles agricoles.

La guerre a développé cet esprit de solidarité. Tous les cultivateurs se sont entr'aidés. Des personnes qui ne s'étaient jamais occupées de travaux manuels ont suppléé les mobilisés. « Le manque d'ouvriers agricoles, observait le maire d'une commune rurale (Pouillé), a obligé un grand nombre d'exploitants à se munir d'instruments pratiques et avantageux : charrues brabants, faucheuses, râteaux à cheval, moissonneuses. Le dévouement des femmes et des jeunes filles a été admirable :

nombre d'entre elles ont remplacé le mari ou le père à la charrue, sur la faucheuse, le râteau ou la moissonneuse. Des familles se sont groupées pour exécuter plus facilement leurs travaux ou acquérir la moissonneuse indispensable ; huit de ces dernières ont été introduites dans la commune depuis la mobilisation. Toute la population de la commune s'est efforcée de suppléer aux cultivateurs absents pour la rentrée des récoltes et, au mois d'août 1914, il était curieux de voir : un huissier, un charron, un forgeron, un tailleur, un instituteur, charroyer les blés d'un mobilisé. »

La puissance de production agricole de la Vendée n'a pas été mise seulement à contribution pour l'alimentation de la population des pays moins bien favorisés ou des centres de consommation. Elle a aussi permis au département de pourvoir dans une très large mesure aux besoins du ravitaillement des armées.

La Vendée a livré à l'intendance militaire du 2 août 1914 au 1er octobre 1917, des quantités considérables de bétail, de fourrages, de céréales et de denrées diverses :

123.115 têtes de bétail, dont 98.213 de bovins;

382.228 quintaux de foin et 197.569 quintaux de paille;

242.149 quintaux de blé, 99.286 quintaux d'avoine, 10.846 quintaux d'orge et 7.971 quintaux de fèves;

26.959 quintaux de haricots et 11.270 quintaux de pommes de terre.

13.061 quintaux de sel, 5.621 quintaux de bois, 328 quintaux de laine et 13.638 hectolitres de vin.

Quelle plus forte démonstration pourrait-on apporter du maintien de l'activité agricole du pays!

XVI

La Commission Consultative Agricole.

La Commission Départementale de la Main-d'Œuvre Agricole.

C'est en raison de l'importance de la production agricole de la Vendée qu'en juillet 1915, le préfet prit l'initiative d'instituer, sous sa présidence, une Commission consultative, à laquelle seraient soumises toutes les questions intéressant l'agriculture. Cette commission comprend 31 membres choisis parmi les notabilités agricoles du département. Au cours de ses nombreuses réunions, elle a discuté tous les problèmes agricoles à l'ordre du jour.

La question du blé est une de celles qui ont retenu le plus longuement son attention. Dès juillet 1915, la commission demandait la fixation d'un prix d'achat du blé, uniforme pour toute la France, afin d'éviter la spéculation. Le blé eût été acheté par l'Etat, qui l'eût livré à l'armée et à la population civile suivant les besoins de chacune. Il aurait été gardé, autant que possible, chez le producteur. ce dernier étant indemnisé par une prime de conservation d'autant plus forte que la livraison eût été plus éloignée de la récolte. Le blé qui n'aurait pu être laissé chez le producteur, eût été livré à l'Etat pour être conservé dans les locaux lui appartenant ou pris par lui en location. Pour permettre l'application de ce système, des déclarations au moment de la récolte auraient été imposées aux producteurs et aux entrepreneurs de battages.

Les mesures préconisées par la commission au sujet de la fixation d'un prix d'achat uniforme pour toute la France furent consacrées par la loi du 16 octobre 1915. La législation nouvelle ne visait toutefois que les achats par voie de réquisition et laissait toute liberté aux transactions commerciales. On avait pensé que le prix de 30 francs fixé pour les réquisitions servirait de régulateur pour les achats du commerce. Il n'en fut pas ainsi dans la pratique, et une hausse sensible se produisit sur les blés, à la suite notamment des achats faits par les intermédiaires dans les pays de production tels que la Vendée, pour le compte des autres régions. Elle fut favorisée par les écarts de taxation de la farine qui existaient entre des départements souvent limitrophes.

Cette situation entraîna en Vendée la raréfaction du blé et gêna l'approvisionnement des minoteries du département : elles ne pouvaient pas payer sur place les céréales aussi cher que les minoteries de telle autre région, voire même de tel département voisin, où la farine était taxée à un prix plus élevé. L'administration préfectorale dut prendre des mesures restrictives pour remédier à cet état de choses.

Afin d'en éviter le retour, la commission demanda que la réglementation du blé et de la farine fût complétée par les dispositions suivantes : 1° fixation, pour le blé indigène, d'un prix uniforme, qu'il s'agît de ventes à l'amiable ou par voie de réquisition ; 2° unification de la taxe de la farine et adoption d'un prix uniforme ou tout au moins d'un prix de zône pour les départements limitrophes où la situation économique et les moyens de production étaient les mêmes ; 3° remise à une seule autorité, les intendants militaires ou les préfets, de préférence ces derniers, de la mission de faire les achats de blé et de toutes autres denrées nécessaires à la fois au ravitaillement de l'armée et à celui de la population civile. La première de ces dispositions a été adoptée par la loi du 29 juillet 1916 et maintenue depuis.

En juin 1917, la commission émit le vœu que les taxes du blé et des autres céréales fussent arrêtées par le Gouvernement, de telle sorte que les agriculteurs aient la possibilité de vendre leurs produits à des prix en rapport avec leurs frais, d'année en année plus élevés. Elle proposait pour le blé de la récolte de 1917 le prix de 40 francs les 100 kilogr., et pour le blé de la récolte de 1918 celui de 45 francs. Elle formulait l'avis qu'il y avait lieu de rendre la déclaration obligatoire dès la moisson, pour le blé et les autres grains, en prévoyant pour les produits non déclarés une pénalité consistant en la réquisition à un prix inférieur de 7 francs aux prix arrêtés. Elle considérait comme indispensable que tous les grains (froment, seigle, blé noir, fèves, avoine, orge, baillarge, haricots, maïs), fussent taxés à des prix calculés sur la base du prix du blé. Elle jugeait enfin équitable de prévoir des majorations de prix pour les diverses denrées, de façon à indemniser ceux des agriculteurs dont les produits ne seraient livrés qu'au terme de la campagne, des dépenses que leur imposerait une telle conservation et des pertes de quantité qui en résulteraient. Elle estimait qu'à partir du troisième mois de la campagne, chaque mois devrait compter pour un dixième de la majoration totale annuelle qui serait admise.

Le décret du 13 juillet 1917 taxa les céréales, à raison de 50 francs pour le blé pesant 77 kilogr. à l'hectolitre; 42 francs pour l'orge, le maïs, le seigle, le sarrasin et l'avoine. La commission fit remarquer qu'à raison des circonstances atmosphériques, les blés de la récolte de 1917 étaient humides et d'un poids inférieur à 77 kilogr., et que le prix du blé n'était pas en rapport avec celui de l'avoine. Elle estimait en conséquence que le poids spécifique exigé pour le blé devrait être réduit à 74 kilogr., et que la taxe de l'avoine devrait être ramenée de 42 à 38 francs au maximum les 100 kilogrammes.

La commission s'est occupée, à maintes reprises, de la crise de main-d'œuvre provoquée par les évènements de guerre. C'est ainsi qu'en août 1915, elle préconisait l'octroi « dans des conditions aussi larges que possible, à l'occasion des emblavures, de permissions individuelles accordées pour chaque commune, aux soldats originaires de la commune même, ce moyen étant, sans comparaison, le meilleur pour arriver à la bonne exécution des travaux agricoles dans un pays où la culture est très spéciale et différente suivant les régions (Marais, Plaine, Bocage)[1] ». La préférence donnée aux permissions individuelles n'excluait d'ailleurs pas l'envoi dans les communes, d'équipes de travailleurs militaires. Ce sont les principes mêmes qui furent par la suite posés dans les instructions sur la matière, du ministère de la Guerre.

En janvier 1916, la commission, constatant les résultats très satisfaisants produits par les permissions individuelles, demandait encore qu'elles fussent accordées par l'autorité militaire dans la mesure la plus étendue possible. Elle indiquait que ces permissions pourraient être concédées avec la stipulation que le bénéficiaire serait mis dans l'obligation de travailler sur les terres manquant de bras pendant une partie de sa permission, le tiers par exemple, sous la direction de la munici-

1. Sur la proposition de M. le Dr Pacaud, député, le Conseil général avait assisté en entier à la séance de la commission. La réunion fut suivie du vote d'un ordre du jour présenté par M. de Baudry-d'Asson, député, et signé part tous ses collègues, par lequel l'Assemblée départementale adhérait aux principes posés par la commission.

palité ou du comité d'initiative agricole communal; ce principe fut admis par la circulaire ministérielle du 25 mai 1916. La commission observait que les équipes agricoles avaient rendu également de grands services en 1915, surtout pour la fenaison, la moisson et les battages, et elle exprimait le désir qu'elles fussent utilisées en 1916 pour les mêmes travaux. Elle demandait enfin le recours aux équipes volantes et à la main-d'œuvre des prisonniers de guerre.

Dans maintes réunions, en 1916, la commission examinant la question d'utilisation de la main-d'œuvre des prisonniers de guerre, insistait pour obtenir l'envoi dans le département, d'un nombre élevé de prisonniers (un millier au moins) en rapport avec le chiffre de sa population mobilisée et l'importance de sa production agricole.

La commission avait, d'autre part, demandé en septembre 1915, que, dans l'intérêt de l'agriculture, la convocation de la classe 1917, annoncée pour le 15 octobre, fût reportée au 15 décembre 1915. Ultérieurement, elle formula, de même, des vœux pour que les agriculteurs de la classe 1888, les ajournés des classes 1913 à 1917 et les exemptés des classes 1915, 1916 et 1917 reconnus bons pour le service armé après une nouvelle revision, fussent maintenus aussi longtemps que possible dans leurs foyers, la mobilisation aux champs constituant, aussi bien que la mobilisation à l'atelier, un des éléments essentiels de la Défense Nationale.

La commission a discuté les questions de motoculture et envisagé la possibilité d'utiliser après la guerre les moteurs mécaniques dans le département. Elle a chargé le Comice agricole de Fontenay-le-Comte d'organiser des expériences de culture mécanique et elle en a publié les résultats.

Elle s'est préoccupée de l'avenir du cheptel vendéen, en réclamant instamment la réduction des grosses impositions de bétail faites par l'intendance. Elle a examiné les questions de ravitaillement en farine de la population civile, et d'approvisionnement du département en bois de feu. Elle a demandé des sursis pour les maréchaux-ferrants et pour lès spécialistes meuniers; la désignation de vétérinaires mobilisés pour desservir certains cantons. Elle a exposé les besoins des agriculteurs et viticulteurs, en engrais, en sulfate de cuivre et en soufre. Elle a demandé et obtenu la mise en vente de chevaux et juments réformés dans les principaux centres du département. Elle a insisté chaque année pour que les acquisitions de denrées faites en Vendée pour le service de l'armée (avoine, orge, haricots, etc.), fussent effectuées immédiatement après la récolte : elle avait ainsi en vue d'écarter les spéculations en supprimant la concurrence des prix entre l'intendance militaire et le commerce; et, en outre, de permettre à l'autorité militaire de se procurer facilement toutes les denrées disponibles, déduction faite des quantités nécessaires aux besoins du département.

L'état de guerre a montré l'utilité d'instituer dans les communes, à côté des municipalités, des organes nouveaux chargés plus spécialement de la défense des intérêts agricoles. Des décrets des 2 et 9 février 1916, ont décidé la création de comités communaux d'action et de comités cantonaux d'organisation agricoles, destinés à régler et à intensifier la production agricole. Mais, dès le 17 août 1915, sur la proposition de M. Geoffroy Linÿer, la commission consultative agricole de Vendée avait demandé la formation dans toutes les communes du département, de comités d'initiative agricole. Appliquant les vues de la commission, le préfet invitait le 23 août 1915 les municipalités à constituer ces comités. « Dans toutes les communes, disait-il, il existe en dehors des municipalités, des personnes à la fois dévouées au bien général, compétentes en agriculture et jouissant d'une influence réelle sur les agriculteurs de leur voisinage : certaines d'entre elles ont d'ailleurs déjà fait leurs preuves et participent à la vie des groupements agricoles si nombreux en Vendée (comices, syndicats, assurances mutuelles, caisses de crédit, beurreries coopératives, etc.). Qu'elles appartiennent ou non à l'assemblée municipale, le maire, de concert avec son conseil, a le devoir de leur adresser un appel patriotique et de les grouper en un comité communal d'initiative agricole. Ce comité sera présidé par le maire; sa mission se prolongera jusqu'à la fin de la guerre et même au-delà; dans son sein seront étudiées toutes les mesures que nécessiteront les circonstances. Dans ce comité enfin, le maire trouvera les collaborateurs dont il a besoin actuellement, et même un remplaçant dans le cas où il ne pourrait pas conserver la direction, soit faute de posséder une compétence agricole suffisante, soit par suite de tout autre empêchement. »

Une circulaire préfectorale du 18 octobre 1915 insistait encore auprès des municipalités pour qu'elles fondent des comités d'initiative agricole.

L'idée heureuse de l'institution de comités d'action agricole a donc été formulée au sein de la commission consultative et avait pris corps en Vendée avant que leur création ne fût officiellement décidée.

Un autre projet dont l'application pourrait être féconde en résultats a été soumis à la commission par un de ses membres, M. Monthulet. Il a trait à la création de greniers coopératifs pour les céréales et les graines fourragères. Cette institution, qui fonctionne déjà à l'étranger, permettrait de régulariser le cours des céréales, et d'enrayer par des apports réels de denrées sur le marché les mouvements spéculatifs, notamment ceux qui se pratiquent à la Bourse du Commerce de Paris. Dans les greniers, les céréales seraient nettoyées, sélectionnées et soignées, de façon à augmenter sensiblement leur valeur marchande.

Se préoccupant des besoins de la Défense Nationale, la commission a recommandé, l'an dernier, de faire dans l'intérêt de l'armée des économies dans la consommation de l'avoine et de l'orge. Une étude faite sur ce sujet par le directeur des services agricoles, a reçu une large publicité. Cette année, tout en demandant la réduction du contingent de fourrages imposé au département par l'intendance militaire, la commission a préconisé pour l'alimentation du bétail, le remplacement du foin par diverses substances. Elle a publié sur la question un rapport documenté de l'un de ses membres, M. Tapon, vétérinaire, conseiller général.

A côté de la Commission consultative agricole, organe officieux, a fonctionné depuis le début de 1916 un organe officiel, la Commission départementale de la main-d'œuvre agricole. Cette dernière organisation centralise toutes les demandes de main-d'œuvre agricole, et répartit entre les communes les équipes militaires, les journaliers agricoles renvoyés à la terre, et les prisonniers de guerre attribués au département pour l'agriculture. Elle instruit également les demandes de sursis des spécialistes indispensables à l'exploitation agricole.

La tâche des commissions départementales de la main-d'œuvre agricole est considérable. Aussi, depuis sa constitution, la commission créée en

Vendée s'est-elle toujours réunie très régulièrement chaque semaine, à jour fixe, dans le cabinet du préfet, président; et parfois même a-t-elle dû siéger jusqu'à trois fois par semaine. Elle s'est toujours appliquée à attribuer les secours de main-d'œuvre dont elle disposait, par préférence aux veuves et aux femmes de mobilisés. Elle a envoyé les ouvriers agricoles détachés à la terre (catégorie B) dans les communes mêmes où ils résidaient avant leur mobilisation, estimant qu'ils rendraient le plus de services là où ils avaient toutes leurs attaches. Avec le concours de l'officier contrôleur départemental de la main d'œuvre agricole, elle a veillé à ce que les agriculteurs exploitants revenus dans leurs foyers (catégorie A) consacrent à la collectivité une partie de leur temps, variable suivant l'étendue de leurs propres exploitations et l'aide dont ils disposaient eux-mêmes.

Mise au courant, en 1916, des exigences des entrepreneurs de battages, elle avait publié dans la presse un avis pour faire connaître aux agriculteurs les prix qui lui paraissaient devoir constituer des maxima. Cette année, le préfet avait chargé à l'avance les maires d'aviser les entrepreneurs que leurs demandes de mise en sursis ou d'attribution de charbon seraient subordonnées à la production d'un engagement écrit de battre aux prix que fixerait la Commission départementale. Après une enquête auprès des intéressés, la commission décida que les prix de battages ne devraient pas dépasser à l'hectolitre 1 fr. 40 pour la région du Bocage, et 1 fr. 25 pour celles de la Plaine et du Marais. La commission a ainsi rendu service aux cultivateurs, en empêchant des abus de la part des batteurs.

XVII

L'Industrie.

Si la Vendée figure parmi les pays de gros rendements agricoles, elle n'a en revanche qu'une industrie relativement peu importante. Depuis la mobilisation, certaines de ses usines, notamment une fabrique de chapeaux à Fontenay-le-Comte, une usine d'ébénisterie à Montaigu, un certain nombre de petits moulins, des imprimeries ont cessé de marcher[1]. Mais la plupart des établissements industriels que compte le département, ont non seulement continué à fonctionner, mais ont

1. L'Imprimerie Centrale de l'Ouest, à La Roche-sur-Yon (directeur M. Truyts), obligée d'arrêter ses travaux à la suite de la mobilisation, a mis spontanément ses locaux à la disposition de l'autorité militaire qui y a logé d'abord une compagnie du 93e d'infanterie, puis une section du 1er régiment d'artillerie lourde. L'établissement a donné également pendant dix-huit mois, à titre gracieux, l'hospitalité aux élèves d'une école publique dont les classes étaient occupées par des soldats. L'Imprimerie Centrale a recommencé récemment à fonctionner.

encore développé leur production, en travaillant pour la Défense Nationale. Un atelier de forge et de réparation de machines agricoles de Montaigu est devenu une petite usine de munitions. Un atelier de charron à La Roche-sur-Yon a été transformé en fabrique d'essieux pour pièces d'artillerie; un entrepreneur de menuiserie de la même ville fabrique des caisses pour obus. A Fontenay-le-Comte, un mécanicien s'est spécialisé dans la construction des baraquements Adrian. A Tiffauges, un fabricant d'horlogerie fait des articles de précision pour l'artillerie.

Les minoteries ont, comme en temps de paix, envoyé une partie de leur fabrication dans les départements voisins. La Vendée est, d'ailleurs, elle-même tributaire en partie, pour son alimentation en farine, du département de la Loire-Inférieure. Les laiteries, les tanneries et les scieries mécaniques dispersées sur divers points du département, les fabriques de chaussures des Herbiers, la fabrique de molleton de Breuil-Barret ont marché dans d'excellentes conditions. Il en a été de même des usines de conserves installées aux Sables d'Olonne, à Croix-de-Vie, à Fromentine, à l'Ile d'Yeu et à Noirmoutier, et des usines de conserves de viande de La Meilleraie-Tillay et de La Roche-sur-Yon, dont la fabrication est partiellement retenue pour le ravitaillement militaire.

Dans un autre ordre d'idées, c'est également aux besoins du front qu'a été affectée la production des principales carrières de pierre du département, celles de La Meilleraie-Tillay, des Lombardières, de Monsireigne, de Pont-Charron, de La Châtaigneraie, de Cheffois et de Saint-André-d'Ornay. De fortes équipes de prisonniers de guerre ont été mises à la disposition des entrepreneurs; en 1917, les prisonniers ont été remplacés à La Meilleraie-Tillay par des exclus de l'armée, et à Monsireigne par des soldats en cours de peine de travaux publics.

Des quantités de plus de 150.000 tonnes de macadam et d'environ 35.000 tonnes de moellons de blocage ont été expédiées dans la zone des armées par l'ingénieur en chef des ponts et chaussées du département, mobilisé comme commandant du génie.

Les établissements industriels de la vallée de la Sèvre-Nantaise ont aussi travaillé directement ou indirectement pour l'armée. Il en a été ainsi des tissages, des filatures de laine ou de jute, d'une tannerie, d'une fabrique de cartons ondulés, situés à Mallièvre, à La Verrie et à Cugand.

Avec la main d'œuvre de vieux ouvriers du pays et de réfugiés venus de divers points de la France, et malgré leurs difficultés d'approvisionnement en matière première et parfois en combustible, les Papeteries de l'Ouest ont pu, dans leurs usines de Tiffauges et de Cugand, continuer leur fabrication de papier pour l'Imprimerie Nationale et pour la presse. La fabrique de toile Pellaumail, de Saint-Laurent-sur-Sèvre, est devenue une blanchisserie pour le compte de l'armée. La grande fabrique de tissage et de blanchiment de toile Turpault, de Mortagne-sur-Sèvre, a subi une transformation plus complète encore. Elle a fait pendant longtemps le blanchiment du coton à nitrer, pour le compte de la poudrerie d'Angoulême. Elle a confectionné aussi des vêtements de treillis pour les soldats. Actuellement, elle livre à l'intendance des toiles de diverses natures : toiles de paillasse et de draps de lit, toiles de tentes et d'aéroplanes.

Le département de la Vendée possède des mines d'antimoine à Rochetrejoux. Des recherches de ce métal ont été effectuées aux Essarts, où l'existence d'un filon a été signalée depuis 1839; elles ont été interrompues. Des mines de houille sont en exploitation à Faymoreau depuis près d'un siècle. Elles avaient été, ces dernières années, représentées comme étant sur le point d'être épuisées. Le gîte de Saint-Laurs, dans les Deux-Sèvres, a bien été abandonné à une date récente. Mais en Vendée, l'exploitation des houillères a pris plus de développement. L'extraction du charbon est passée de 25.411 tonnes en 1913, à 27.503 en 1915, et à 39.412 en 1916. Elle paraît devoir s'élever cette année à 55.000 tonnes. La compagnie, qui a deux puits d'extraction, va en foncer un troisième et remettre un ancien puits en activité. Elle entreprend des sondages dans les parties de son domaine qui n'ont pas encore été exploitées, et elle demande l'extension de sa concession dans la prolongation du bassin de Faymoreau à Chantonnay. Deux mines de houille abandonnées, celles de La Tabarière et de La Marzelle, ont été attribuées à de nouveaux concessionnaires; ceux-ci n'ont pas encore commencé de travaux. Des recherches de charbon sont effectuées sur un autre point, à Saint-Philbert-de-Bouaine.

Alors que se posait en France le problème de

l'accroissement de production des houillères, on a montré l'intérêt qu'il y avait à utiliser les tourbières. A cette occasion, la Vendée a été représentée dans certaines publications comme un des départements de France possédant les tourbières les plus étendues.

Il y a dans cette assertion quelque inexactitude. L'existence de tourbe marine ou lignite fibreux a été signalée depuis longtemps[1] au hâvre de La Gachère; mais sa situation n'en permettrait pas pratiquement l'exploitation, les lieux étant recouverts par la mer à marée haute. Quant aux marais de la Vendée, le marais breton et le marais poitevin, ce ne sont pas à proprement parler des marais tourbeux. Des travaux de terrassement ont été faits par des prisonniers de guerre à l'Ile-d'Elle, dans le marais poitevin; ils n'ont révélé la présence que d'une très faible couche de tourbe. Il y a, il est vrai, des terrains tourbeux sur le territoire de Sainte-Christine et de Benet. Cette dernière commune en possède 350 hectares, dont 250 appartenant à des particuliers, et 100 situés dans un marais

1. V. *Statistique ou Description générale du département de la Vendée*, par Cavoleau et de la Fontenelle de Vaudoré, 1844.

communal. Sainte-Christine compte 400 hectares de terrains tourbeux, propriétés privées. Les marais de ces deux communes sont cultivés, et leur valeur est telle qu'elle s'oppose à une exploitation tourbière. La tourbe, qui a une épaisseur moyenne de 0 m. 50, y est terreuse. En outre, le sol, déjà très bas, ne serait plus utilisable après une exploitation tourbière, car il serait entièrement couvert d'eau.

XVIII

La Commission Mixte Industrielle et le Comité Départemental d'Action Economique.

Pour régulariser et intensifier la vie commerciale et industrielle, le Gouvernement a suscité dans tous les départements, depuis la guerre, la constitution d'organes consultatifs, les Commissions mixtes industrielles et les Comités d'action économique.

En février 1915, des instructions du ministre du Travail avaient recommandé aux préfets de créer des commissions mixtes, composées d'éléments pris dans les organisations patronales et ouvrières, et chargées d'étudier les questions relatives au maintien du travail national. Ces commissions avaient pour tâche de rechercher et d'indiquer pour chaque industrie, les mesures pratiques immédiatement réalisables qui leur paraîtraient propres à activer le retour à la vie économique normale. Elles devaient s'occuper du recrutement de la main-d'œuvre, de l'approvisionnement en matières premières, des débouchés nécessaires aux produits fabriqués; envisager la constitution d'offices départementaux de placement des ouvriers. Elles avaient enfin à signaler les branches d'industrie où un effort immédiat pouvait être tenté en vue de préparer, par un apprentissage méthodique, des travailleurs qualifiés dont le besoin ne manquerait pas de se faire sentir au lendemain de la guerre.

Les commissions mixtes industrielles ne tardèrent pas à recevoir une transformation. Des comités consultatifs d'action économique avaient été créés par décret du 25 octobre 1915, au chef-lieu de chaque région de corps d'armée de la zône de l'intérieur. Ils avaient pour but de rechercher les mesures propres à maintenir et à développer l'actitivité agricole, industrielle et commerciale de la contrée, notamment par l'emploi rationnel de la main-d'œuvre civile et militaire et par l'utilisation des ressources locales, et de provoquer la mise à exécution de ces mesures.

Le décret du 25 octobre 1915 avait prévu la création de sous-comités départementaux. Leur mission étant identique à celle des commissions mixtes, une circulaire du ministre du Travail et du sous-secrétaire d'Etat de l'Intendance, en date du 4 décembre 1915, décida que les commissions mixtes tiendraient lieu, là où elles existaient, de sous-comités départementaux d'action économique. Chacune devait être complétée par l'annexion des six représentants du département au comité régional qui n'auraient pas fait encore partie de la commission.

La commission mixte industrielle qui avait été constituée en Vendée et qui subsista avec l'adjonction de ces nouveaux membres, se composait, sous la présidence du préfet, de membres choisis dans les syndicats de patrons et d'ouvriers, dans la Chambre de commerce et dans la Commission départementale du Travail; de délégués du Conseil général et de notabilités n'appartenant ni au monde patronal, ni au monde ouvrier. Pour permettre aux membres ouvriers de prendre part aux travaux de la commission sans être obligés de se rendre au chef-lieu du département, elle avait été subdivisée en trois sous-comités, constitués dans chaque arrondissement avec les membres qui y habitaient. Les sous-comités devaient siéger au chef-lieu de l'arrondissement et examiner les questions se rattachant à l'industrie de leur circonscription.

Dès sa première réunion, la commission mixte industrielle décida la création d'un office départemental des réfugiés français et belges en chômage. Les attributions de cet office, dont la direction fut confiée au chef du service des réfugiés, furent plus tard étendues à tous les chômeurs, réfugiés ou non.

La commission émit dans ses diverses séances, un ensemble de vœux très intéressants. Beaucoup avaient trait au maintien du travail national pendant la période des hostilités; d'autres envisageaient le développement de notre activité économique après la guerre.

Dans la première catégorie de ces vœux rentraient les demandes de suppression de l'exportation dans les États neutres, des produits d'alimentation de la France et de ses colonies, ces produits devant être réservés à notre pays et à ses alliés; les demandes de taxation du prix du charbon, d'amélioration du régime des transports par voie ferrée, d'exécution dans les petites villes de garnison d'une partie des travaux de confection pour l'armée, et notamment des travaux de réparations afin d'occuper la main-d'œuvre féminine.

La commission réclamait encore l'augmentation de la circulation de la monnaie divisionnaire et la recherche de moyens destinés à en empêcher la disparition. Elle demandait que, pendant la durée des hostilités, de larges tempéraments fussent apportés à la législation du travail, pour les ateliers où des enfants de moins de 16 ans travaillaient à côté des adultes, de façon à ce que la présence de ces enfants n'influât pas sur le nombre d'heures de travail des adultes.

La commission réclamait des sursis pour les marins pêcheurs. Elle en demandait aussi pour les exploitants de marais salants et pour les paludiers mobilisés, en faisant remarquer l'importance de l'industrie salicole dans le département. Les marais salants occupent, en effet, en Vendée, une superficie de 1.400 hectares, dont une bonne partie était restée improductive par suite de la mobilisation des sauniers. Le défaut d'entretien des marais aurait eu des conséquences dommageables non seulement dans le présent, mais aussi dans l'avenir, des dégradations prolongées étant susceptibles d'empêcher la reconstitution de certaines salines. Sur les réclamations des départements intéressés, l'autorité militaire consentit à accorder, dans la région de l'Ouest, des sursis aux sauniers et paludiers.

Dans le domaine agricole, la commission proposa diverses mesures susceptibles d'atténuer la crise des engrais provoquée par l'état de guerre. Elle demanda que le Gouvernement rétablit la prohibition de sortie des engrais minéraux; qu'il favorisât l'importation des phosphates d'Algérie et de Tunisie, fortement diminuée par suite des difficultés dans les transports maritimes, et la fabrication des superphosphates et du sulfate de cuivre atteinte, plus encore, par la réquisition de l'acide nitrique; qu'il réservât à l'agriculture une part suffisante sur les quantités de nitrate de soude importées. Elle insista enfin pour que des wagons fussent mis à la disposition des cultivateurs pour le transport des engrais, du sulfate de cuivre, des tourteaux et des produits agricoles.

S'associant aux idées formulées par la Commission consultative agricole, la commission proposa des mesures destinées à remédier à la crise de main-d'œuvre rurale. Elle demanda que l'autorité militaire rendit à la terre tous les hommes dont le maintien sous les drapeaux n'était pas absolument nécessaire : par la mise en sursis des chefs des exploitations dans lesquelles il ne restait aucun homme, quand ces agriculteurs appartenaient au service auxiliaire et à des classes relativement anciennes; par l'attribution de larges permissions individuelles aux cultivateurs mobilisés, qui, après avoir travaillé sur leurs terres, pourraient être astreints à consacrer une partie de leur permission, le tiers par exemple, aux terres du voisinage privées de bras; par la constitution d'équipes agricoles et d'équipes volantes; par l'affectation aux communes d'équipes de prisonniers de guerre en rapport, pour la Vendée, avec l'importance de sa production agricole.

A côté de ces vœux d'une portée temporaire, la commission, se préoccupant de l'avenir, préconisait tout un ensemble de mesures dont l'application étai de nature à intensifier, après la guerre, notre puissance de production.

C'est ainsi qu'en vue de faciliter et de stimuler l'apprentissage, elle demandait que la législation du travail terrestre fût modifiée dans un sens analogue à celui de la législation du travail maritime, et que les patrons fussent obligés d'avoir dans leurs ateliers un nombre d'apprentis proportionnel à celui de leurs ouvriers adultes. Elle réclamait la création de caisses de crédit maritime mutuel, susceptibles de mettre à la disposition des pêcheurs un crédit suffisant pour faire face aux réparations du matériel inutilisé depuis le début de la guerre, et le moderniser[1]. Elle émettait le vœu que fût portée à 150 jours la durée maxima des effets de commerce acceptés à l'escompte de la Banque de France, et ce, pendant la première année qui suivrait la cessation des hostilités. Elle demandait une étude du développement de la main-d'œuvre féminine et son emploi dans les diverses administrations; l'introduction dans le programme des études primaires, de notions plus complètes des différents métiers pratiqués dans la région; l'extension des cours professionnels et des écoles d'apprentissage; le développement de l'institution des attachés commerciaux, et la diffusion du *Bulletin de l'Office National du Commerce Extérieur*, de façon à renseigner les différentes branches du commerce et de l'industrie sur les débouchés extérieurs.

La commission signalait encore l'utilité de modifier la législation du travail en vue de l'adapter d'une façon rationnelle à l'industrie saisonnière de la conserve du poisson, qui ne peut s'accommoder d'une réglementation édictée pour les industries annuelles.

1. Une caisse locale et une caisse régionale de crédit maritime ont été créées aux Sables d'Olonne en 1916.

Elle réclamait le vote d'une loi qui réglementât l'exercice en France, par des étrangers, d'un commerce ou d'une industrie.

Elle émettait le vœu que des laboratoires de chimie et de recherches scientifiques ouverts au public fussent créés en vue de donner de l'extension à l'industrie chimique — pour laquelle la France était, avant la guerre, tributaire de l'Allemagne[1].

En dehors de ces vœux d'ordre général, d'autres avaient un caractère local et visaient l'intensification de l'activité économique du port des Sables d'Olonne. La commission demandait à cet égard la construction d'un quai d'allègement et l'approfondissement du port; la transformation du quai d'abatage du bassin à flot, en quai pour les opérations de chargement et de déchargement, avec dotation de voies ferrées et d'outillage; l'amélioration de l'outillage du port; l'aménagement du port d'échouage, en vue de lui permettre de recevoir des chalutiers à vapeur, pour lesquels un quai spécial, accessible à toutes les heures, devait être

1. Projet de M. Geoffroy Linÿer, publiciste. M. Linÿer, signalait la possibilité de cultiver en Vendée, sur une large étendue, les plantes médicinales, et d'y créer des établissements industriels pour leur utilisation.

envisagé avec l'outillage approprié; l'admission en entrepôt du pétrole, pour les bateaux à moteur; l'amélioration des voies ferrées entre les Sables d'Olonne et Paris par l'établissement d'une double voie entre Bressuire et les Sables et la mise en service de trains rapides, etc.

D'autres desiderata furent formulés par les pilotes des Sables d'Olonne pour l'amélioration de l'accès du port. Ils furent suivis d'une entente avec les ingénieurs du service maritime.

La commission s'occupa, au surplus, d'une façon spéciale, à la veille de la campagne de pêche de 1917, de toutes les questions ayant trait à la pêche maritime : constitution des stocks de rogue indispensables à la pêche de la sardine, amélioration des moyens de transport du poisson à Paris, sursis aux ouvriers spécialistes des usines de conserves de sardines, etc. A l'une des réunions où furent débattues ces questions, un fabricant de conserves de poissons, M. Louis Amieux, fit cette utile observation que le Gouvernement accordant des sursis aux usiniers, serait fondé à leur demander, en échange, de céder les conserves dont il avait besoin pour le ravitaillement des armées, à des conditions plus avantageuses que celles du commerce. Il n'y aurait qu'intérêt à retenir pareille suggestion et à la réaliser dans les rapports de l'Etat avec les industries qui ont besoin pour fonctionner, de l'aide gouvernementale.

Sur l'initiative de l'un de ses membres, M. Monthulet, industriel à La Roche-sur-Yon, la Commission industrielle, examina d'une façon très attentive et parvint à faire aboutir le projet de conservation des sardines par le salage et le pressage. Ce n'était pas une méthode nouvelle. La salaison de la sardine a été pratiquée en France pendant au moins deux siècles. Ce fut une des principales ressources de nos ports de pêche vendéens et bretons jusque vers 1870, époque à laquelle la sardine pressée d'Espagne, produit de second ordre, mais se vendant moins cher que la sardine française, prit sur les marchés la place de celle-ci. La décroissance de notre commerce de salaison eut aussi pour cause l'application du procédé d'Appert à la conservation de la sardine. « Les Sables d'Olonne eurent leur première usine, ou friture, en l'année 1832, Belle-Ile en 1834, La Turballe en 1841, Douarnenez en 1854[1]. » Les

1. Renseignements extraits de notes de M. Rivoal, direc-

circonstances actuelles étaient favorables à une reprise de l'ancien mode de conservation de la sardine. En une période de vie chère et d'approvisionnements difficiles, il était indiqué de ne pas laisser échapper le moyen de produire à peu de frais une marchandise susceptible dès lors d'être écoulée dans des conditions de bon marché relatif. En outre, aux époques de pêches abondantes, les usines de conserves ne peuvent pas toujours bien employer les sardines. Les pêcheurs sont obligés alors de céder à vil prix leurs poissons, ou même souvent de les rejeter à la mer. Le recours au salage et au pressage peut permettre l'utilisation de sardines qui risqueraient d'être perdues, au grand détriment de la consommation publique.

Entrant dans les vues de la commission et aidé des conseils de M. Gaillard, administrateur de l'inscription maritime aux Sables d'Olonne, un industriel, M. Biret, a mis en pratique dans cette ville l'idée de conservation des sardines par le salage et le pressage. L'expérience faite à partir du mois d'août 1917 a été très satisfaisante; il

teur de l'école de pêche de Douarnenez, sur la préparation et le commerce de la sardine pressée.

serait à désirer qu'elle puisse s'étendre et se généraliser sur nos côtes françaises.

La mise à l'étude au sein de la commission, des questions d'apprentissage va être suivie de la création de cours professionnels à La Roche-sur-Yon. Cette initiative est due à l'un des membres de la commission, M. Robin, président de l'Union du commerce et de l'industrie.

La Commission industrielle a été moins heureuse lorsque, de concert avec le préfet et l'ingénieur en chef des ponts et chaussées, elle s'efforça de provoquer un mouvement pour le rétablissement de la navigation sur la rivière Vendée et sur le canal de Luçon. Ces voies d'eau ont été dans le passé fort utilisées. C'est ainsi qu'en 1874 la rivière Vendée transportait 20.000 tonnes de marchandises et 50.000 personnes. Quant au port de Luçon, il fut très prospère, et il avait placé cette ville à la tête du commerce du département. Mais en Vendée comme dans les autres régions, la concurrence des chemins de fer fut néfaste à la navigation fluviale. On a dû reconnaître depuis la guerre que la rivalité des chemins de fer et des canaux fut une grosse erreur économique, et on a préparé un programme de coopération de ces moyens de transport. Pour réserver autant que possible les chemins de fer aux transports intéressant la Défense Nationale et pour économiser le combustible, il y a aujourd'hui d'ailleurs nécessité de se servir des voies d'eau partout où il en existe. L'administration des ponts et chaussées fit exécuter des travaux assez importants sur le canal de Luçon et sur la Vendée, créa à Luçon et à Fontenay-le-Comte des bureaux de transport par eau, et prit diverses dispositions pratiques. Des réunions présidées par le préfet, assisté de l'ingénieur en chef des ponts et chaussées, eurent lieu à Luçon et à Fontenay-le-Comte, en présence des membres de la Commission industrielle, des maires, des commerçants et des industriels intéressés. Elles furent suivies de communications à la presse. Cette action ne donna que de faibles résultats. Et pourtant, la rivière Vendée, navigable pendant la majeure partie de l'année, pourrait assurer la communication directe de la région de Fontenay-le-Comte avec la mer. Quant au canal de Luçon, son utilisation permettrait à cette ville de recevoir les marchandises débarquées à La Pallice, et de servir d'entrepôt à une partie importante du département.

***

De l'ensemble des vœux émis par les commissions mixtes industrielles et par les comités d'action économique, et en particulier par les organes consultatifs qui ont fonctionné en Vendée, se dégagent des idées heureuses qu'il y aurait intérêt à retenir après la guerre pour l'extension de nos débouchés commerciaux et le développement de notre activité industrielle.

Les hostilités terminées, il serait nécessaire de créer à titre officiel et d'une façon permanente, dans chaque département, des chambres consultatives pour l'agriculture, d'une part; pour le commerce et l'industrie, d'autre part. L'exemple de la Commission consultative agricole de Vendée, organe officieux de création purement départementale, est là pour montrer quel rôle actif et utile peut jouer une telle institution. Quant aux comités d'action économique, s'ils ont été créés par régions, c'est parce qu'ils devaient surtout traiter les questions économiques nées de l'état de guerre, et que la solution ou l'instruction de celles-ci intervenait aux chefs-lieux des régions. Cette conception a pu, même pour la durée des hostilités, soulever des objections. A l'appui d'une demande d'autonomie des comités départementaux que présentait le comité de Vendée, M. le Dr Pacaud, député, fit observer qu'au lendemain de la guerre il faudrait organiser la défense économique du pays, et que dès maintenant on devait s'y préparer dans chaque département; qu'il ne devait donc pas y avoir subordination d'un département à un autre[1]. En temps de paix, l'idée de comités régionaux d'ordre économique serait, semble-t-il, d'une application fâcheuse. Actuellement, les départements d'une même région n'ont pas d'intérêts matériels communs, voire même d'attirances intellectuelles d'une telle force qu'il soit désirable de les grouper pour leur donner une représentation économique unique. Tel département — ce qui est le cas pour la Vendée comme pour bien d'autres pays — devrait logi-

1. Des instructions du ministre de la Guerre en date du 23 février 1917 ont permis aux sous-comités départementaux d'action économique de correspondre à l'avenir directement avec le ministre. Mais ils n'en sont pas moins restés, comme leur titre l'indique, subordonnés aux comités régionaux, pour lesquels ils restent des organes d'information et d'instruction des affaires au premier degré.

quement, si l'on constituait des régions, être partagé entre plusieurs. En outre, par la force des choses, les départements où ne serait pas établi le comité régional, et dont les représentants assisteraient peu, en fait, aux réunions de cet organe, se trouveraient sacrifiés au département siège du comité.

Dans notre organisation administrative, il y a deux collectivités vivantes : la Commune et le Département. L'une et l'autre représentent des idées communes et répondent à des besoins justifiés. L'expérience a consacré leur vitalité. Ce sont ces groupements qu'il faut prendre pour base si l'on veut en temps normal faire une création durable. S'adresser après la guerre à la région pour créer des organes représentatifs des intérêts agricoles, commerciaux et industriels, ce serait faire une œuvre peu féconde. De même que le ministère de l'Agriculture a fait une excellente décentralisation en instituant dans toutes les communes des comités d'action agricole, de même c'est le département qu'il conviendrait de prendre pour cadre des futures chambres consultatives agricoles, commerciales ou industrielles.

Quant à la suppression même des départements et à leur remplacement par des régions, peut-être est-ce une idée d'avenir; mais le pays n'est pas préparé à son application immédiate. La forme départementale a fait ses preuves et a donné des résultats. Il serait sage de n'y renoncer que lorsque l'état de l'opinion et le développement de nos mœurs politiques le permettront sans danger.

LA VIE SOCIALE

XIX

L'Assistance.

Une obligation s'imposait, au lendemain des hostilités, aux pouvoirs publics : celle de parer aux besoins d'assistance. Il était indispensable de procurer des ressources immédiates aux familles indigentes ou peu fortunées dont le chef avait été mobilisé.

Dès les premiers jours de la mobilisation, le Parlement vota un ensemble de mesures d'assistance relatives aux allocations aux familles nécessiteuses dont le soutien serait appelé ou rappelé sous les drapeaux ; à la prorogation des échéances des valeurs négociables, à celle des délais en matière de loyers, etc....

Les dispositions législatives qui reçurent l'application la plus générale furent celles qui avaient trait aux allocations. Aux termes de la circulaire ministérielle du 23 août 1914, les allocations devaient « uniquement être accordées aux familles nécessiteuses dont le soutien était sous les drapeaux, c'est-à-dire à celles que le départ d'un de leurs membres avait privées d'aliments indispensables à la vie. » Devaient donc être écartées les familles dont les moyens d'existence avaient été réduits mais restaient cependant suffisants ou dont le bien-être seulement avait été supprimé. Cette appréciation devait toutefois être faite avec un large esprit d'humanité. Le champ d'application de la loi du 5 août 1914 sur les allocations fut progressivement élargi par une circulaire interministérielle du 10 octobre 1914 et par de nombreuses circulaires du ministère de l'Intérieur. De ces instructions se dégagea une doctrine des plus libérale. Elle tenait compte de la prolongation des hostilités et de la diminution de ressources que la durée de la guerre avait pu entraîner chez certaines familles. Elle était motivée aussi par la préoccupation d'assurer, dans les milieux ruraux, l'attachement au sol des métayers et des fermiers, et par le souci de maintenir la belle tenue morale de notre pays. Dans un intérêt de paix sociale, aussi bien que dans une idée de justice, le ministère de l'Intérieur ne cessa donc d'inviter les fonctionnaires et les commissions chargées de l'application de la législation nouvelle, à se montrer généreux en faisant preuve d'un esprit de large humanité.

Certes, la matière était complexe et délicate entre toutes. Il n'y avait pas à proprement parler de questions de principes, mais surtout des questions d'espèces qui, pour être solutionnées équitablement, exigeaient la connaissance exacte de la situation des demandeurs. Pour des affaires analogues, la décision variait souvent de canton à canton ou d'arrondissement à arrondissement, de même que, devant la commission supérieure, l'appréciation était parfois différente suivant les sections. Il était nécessaire d'unifier, autant que faire se pouvait, la jurisprudence. Des dispositions furent prises à cet égard par le ministère de l'Intérieur pour la commission supérieure. En ce qui concernait les commissions cantonales et les commissions d'appel, les préfets et leurs collaborateurs s'appliquèrent à arriver au même résultat.

Dans le département de la Vendée, la direction du service des allocations de l'arrondissement chef-lieu fut confiée à un avoué de La Roche-sur-Yon mobilisé, et, après son changement d'affectation militaire, à deux Vendéens rompus comme lui à l'examen des questions de droit et au maniement des dossiers, un publiciste juridique et un principal clerc de notaire. Dans les arrondissements, les sous-préfets, déchargés de nombreuses affaires qui étaient centralisées à la préfecture, purent s'occuper très activement du service des allocations. Les commissions d'appel et les commissions cantonales furent composées de fonctionnaires et d'hommes connaissant bien le pays. La présidence en était confiée aux magistrats du tribunal ou aux juges de paix. Les directives nécessaires furent données aux commissions pour qu'elles se rapprochent de l'unité de jurisprudence désirable. La tâche de ces assemblées fut particulièrement délicate. L'extension des allocations rencontrait dans l'opinion publique, et par voie de conséquence auprès des municipalités, certaines résistances, surtout lorsqu'il s'agissait de venir en aide à des ascendants. On faisait remarquer qu'ils n'étaient pas toujours, en fait, à la charge des soldats qu'ils présentaient comme leurs soutiens. On reprochait aussi à certaines femmes de mobilisés allocataires de ne plus vouloir travailler, alors que la main-d'œuvre était si rare. Peut-être ce dernier grief était-il excessif et avait-on trop tendance à généraliser des cas isolés. Les récriminations se firent plus fortes contre le maintien des allocations au profit des familles des hommes des anciennes classes et des assimilés, détachés à l'agriculture. Une telle mesure avait pour but d'assurer des moyens d'existence à ces familles en attendant que leurs chefs aient trouvé un emploi, et aussi de faire accepter aux cultivateurs mis en sursis l'obligation qui leur était imposée de consacrer, moyennant un prix fixé d'avance, une partie de leur temps à la collectivité. Mais comme, dans la réalité, les agriculteurs démobilisés étaient rentrés dans leurs propriétés, ou avaient trouvé des occupations immédiates et bien rétribuées en tant que journaliers, les dispositions favorables dont ils bénéficiaient suscitaient de vives réclamations. Des instructions ministérielles en date du 1er octobre 1917 y mirent un terme, en fixant à trois mois après le renvoi à la terre, la période pendant laquelle les allocations seraient maintenues de droit pour les familles des agriculteurs mis en sursis. C'était le délai de transition qu'avaient proposé, en Vendée, la Commission consultative agricole et la Commission de la main-d'œuvre agricole qui, l'une et l'autre, avaient demandé la suppression des allocations touchées par les familles des cultivateurs détachés à la terre.

Les membres des commissions cantonales et d'appel ont dans l'accomplissement d'une tâche difficile, fait preuve de dévouement et de compétence. A ne s'en tenir qu'aux résultats d'ensemble, il convient de dire qu'une application généreuse et équitable de la loi du 5 août 1914 a été faite en Vendée. Deux chiffres l'établissent au reste : à la date du 1er octobre 1917, près de 70.000 admissions au bénéfice des allocations avaient été prononcées, et le quantum des admissions était de 89 pour 100.

De même que le Parlement, les assemblées locales prirent après la mobilisation des dispositions en vue de parer aux misères qui étaient la conséquence de l'état de guerre. En Vendée, le Conseil général vota, en août 1914, des crédits d'assistance avec l'affectation suivante : « Subventions aux communes pour secours aux familles nécessiteuses de la Vendée ». Deux crédits de 25.000 francs chacun furent inscrits aux budgets de 1914 et de 1915. La commission départementale, à laquelle toute latitude était laissée à cet égard, était chargée d'attribuer des secours aux communes qui en voteraient elles-mêmes en faveur des familles nécessiteuses.

Les secours accordés par l'Etat aux familles des mobilisés, ayant permis de venir en aide aux misères les plus pressantes, les crédits votés par le Conseil général ne furent pas complètement employés. Ils permirent, néanmoins, de subventionner un nombre important de communes du département qui avaient fait un effort particulier d'assistance.

Parmi celles-ci était la commune des Sables d'Olonne. Le conseil municipal ouvrit un crédit pour secours aux familles nécessiteuses: il leur distribua des bons de coke à des prix très réduits, et des bons de pain. Il accorda aux femmes des employés communaux mobilisés la moitié du traitement du mari. Il vota des sommes pour acquisition de membres artificiels au profit des mutilés de la guerre. Un chantier communal fut ouvert pour les ouvriers victimes du chômage. Le produit de quêtes faites en septembre 1914, et qui avait atteint plus de 9.000 francs, procura à la municipalité des ressources dont une partie servit à assurer le fonctionnement de trois fourneaux économiques. Depuis le commencement de la guerre jusqu'au premier juin 1915, ces fourneaux délivrèrent gratuitement du pain, du lait et des portions de viande et de légumes.

De nombreuses autres communes s'étaient préoccupées, aussitôt après le départ des mobilisés indigents, d'assurer la subsistance de leurs familles, en leur fournissant le pain nécessaire. Des bons de pain furent donnés à ces familles jusqu'au jour où elles purent toucher l'allocation militaire. C'est ce qui fut fait, par exemple, à Soullans, où conseil municipal, bureau de bienfaisance, syndicat des marais s'unirent dans le même but. L'assemblée communale vota 3.000 francs, et le syndicat des marais 800 francs, pour fourniture de pain aux familles nécessiteuses; le bureau de bienfaisance affecta à cet objet tous ses fonds disponibles. Une collecte, faite parmi les habitants, rapporta en outre une somme de 1.400 francs, qui fut déposée à la caisse d'épargne pour permettre à la municipalité de secourir les misères cachées. A Montaigu, des quêtes furent faites dans la population; et leur produit remis à un comité composé, sous la présidence du maire, de personnes de toutes opinions, servit à secourir les familles indigentes.

La ville de Fontenay-le-Comte vota 25.000 francs pour venir en aide aux familles nécessiteuses. La petite commune de Mallièvre consacra au même objet toutes ses disponibilités. La commune de Chavagnes-en-Paillers créa une caisse de secours immédiats aux infortunes résultant de l'état de guerre, en vue de secourir les victimes de la guerre et les pauvres restés sans soutien après la mobilisation. Une autre commune, celle de Champagné-les-Marais, ne se borna pas à distribuer des secours immédiats, tant en nature qu'en argent, aux familles nécessiteuses; elle créa une cantine scolaire pour recueillir les enfants des mobilisés.

Grâce aux mesures prises par les pouvoirs publics ou par les assemblées locales, grâce aussi à l'application des lois d'assistance votées depuis vingt ans, les souffrances matérielles causées par la guerre ont été atténuées dans une large mesure. C'est ce qu'indiquait en termes fort nets une délibération par laquelle une assemblée communale, celle de Saint-Urbain, motivait son désir de ne pas participer aux secours du département : « Le Conseil, considérant que l'admirable mouvement de charité qui s'est développé depuis le début des hostilités ne permet pas de distinguer des familles nécessiteuses qui ne soient secourues soit par la bienfaisance publique, soit par la bienfaisance privée, estime qu'il y a lieu par ces temps difficiles de laisser les communes moins bien secourues bénéficier du crédit départemental, et décide de ne pas participer à la distribution des secours. » Cette observation était reproduite par la municipalité d'une autre commune rurale. Après avoir signalé au préfet les diverses initiatives prises dans sa commune, le premier adjoint faisant fonctions de maire de Soullans lui écrivait en mai 1916 : « Par les excellents procédés d'initiative des gouvernants de nos assemblées diverses, à Soullans, on constate que les misères, jusqu'à ce jour, ont été écartées des familles, même les plus indigentes; puis en considération des innombrables libéralités des lois d'assistance, assistance des vieillards, assistance des nombreuses familles, etc., etc., les misères n'ont plus prise dans les familles pauvres, comme autrefois. » Un autre maire (Saint-Martin-sous-Mouzeuil), faisait remarquer à la même époque, que « grâce à la distribution d'allocations, on pouvait dire qu'aucune famille n'avait été privée du nécessaire. »

Une pareille appréciation pourrait être formulée encore à l'heure actuelle en ce qui concerne les communes rurales. Mais dans les villes, le renchérissement de toutes les denrées et marchandises a provoqué un resserrement économique. Il fallut prendre de nouvelles mesures d'assistance. Des indemnités ou des suppléments de traitement furent attribués aux agents et employés de l'Etat, ainsi qu'aux petits retraités. Les allocations des réfugiés ou des familles de mobilisés furent relevées.

Les départements suivirent cet exemple et concédèrent des indemnités pour cherté de vie à leurs employés. Le Conseil général de la Vendée vota en 1916 et 1917, au profit de ses agents et employés, des allocations qui ne s'élevèrent pas à moins de 37.000 francs pour 1917 et de 52.000 francs pour 1918, en ce qui concernait les cantonniers du service vicinal, et de 25.000 francs par an pour le personnel des administrations départementales. Des indemnités se montant à environ 50.000 francs furent de même votées au profit des agents des tramways de la Vendée. La Compagnie des chemins de fer de l'Etat, qui assure l'exploitation du réseau et supporte la moitié de ses dépenses, a consenti à cette amélioration de la situation du personnel.

Certaines industries accordèrent également en

Vendée à leurs ouvriers ou employés les indemnités de cherté de vie ou les augmentations de salaire dont le besoin se faisait sentir. De ce nombre furent les Compagnies des mines de Faymoreau et de Rochetrejoux qui, sur l'intervention du préfet, consentirent une amélioration de situation à leur personnel ouvrier.

XX

L'Alimentation.

En même temps qu'il organisait l'assistance aux classes pauvres, l'Etat avait le devoir d'assurer l'alimentation de l'ensemble de la population. Dans ce but, par des instructions concertées avec ses collègues de l'Intérieur et de la Guerre, le ministre de l'Agriculture invitait, les 4 et 5 août 1914, les préfets à constituer des commissions ayant pour tâche de rechercher et de proposer à l'administration préfectorale « les moyens de résoudre les questions ci-après : alimentation de la population civile; main-d'œuvre et machines nécessaires à l'enlèvement des récoltes; fonctionnement des boulangeries, boucheries, épiceries fermées à la suite de la mobilisation. » Elles devaient « étudier en outre les questions relatives à la conservation des semences et à la garde du cheptel d'élite; à l'inventaire et au classement de la main-d'œuvre disponible. »

Une commission fut immédiatement formée en Vendée sous la présidence de M. Péaud, secrétaire général de la préfecture. Dès le 5 août 1914, elle se réunissait et proposait pour toutes les denrées de première nécessité l'établissement de prix maxima qui furent le jour même adoptés par arrêté préfectoral.

Après avoir fixé ces prix, l'arrêté contenait les dispositions ci-après : « en cas de hausse injustifiée ou de refus de vente, il sera fait appel à l'autorité militaire pour qu'elle use de son droit de réquisition, sans préjudice de toutes autres mesures de coercition prévues par les lois. » Le recours à l'autorité militaire pour l'exercice du droit de réquisition était, en dehors des cas de coalition et d'emploi de moyens frauduleux (art. 419 et 420 du Code pénal), la seule sanction qu'à défaut d'un texte législatif avait pu prévoir l'administration préfectorale.

La mesure était à vrai dire surtout comminatoire. Mais, l'autorité morale de la commission de taxation aidant, ses décisions ratifiées par l'administration préfectorale furent pendant longtemps respectées.

Au cours de nombreuses réunions, la commission, tenant compte de la situation du marché, revisa, quand le besoin s'en fit sentir, les prix qu'elle avait établis. Son action eut un heureux effet sur les cours des denrées et contribua à éviter des spéculations sur certaines d'entre elles. Les prix de la farine et du pain ont ainsi été toujours plus bas en Vendée que dans les départements voisins. La commission, qui suivait de près les fluctuations des cours du blé et de la farine, proposait d'ailleurs un relèvement de taxe dès que l'exportation provoquée par un écart des prix menaçait par son intensité de compromettre l'alimentation du département.

Néanmoins, avec le temps, les dispositions arrêtées, manquant d'une sanction effective, furent de moins en moins observées. Les producteurs et les commerçants, qui tout d'abord s'y étaient soumis sans difficultés, cessèrent peu à peu de s'y conformer. Des avis, des consultations publiés de divers côtés avaient en effet informé les intéressés que la liberté des transactions commerciales restait entière, les maires et les préfets ne pouvant taxer que deux denrées : la viande et le pain. Et encore, pour le pain, la taxe était-elle illusoire, à défaut d'une taxe sur la farine.

Sur ces entrefaites (mai 1915), des instructions du ministre du Commerce prescrivirent la réquisition générale du blé, au prix de 32 francs le quintal, dans le but d'assurer l'alimentation de la population civile et d'éviter une hausse abusive du cours des grains. A la suite de cette décision, et d'accord avec la commission de taxation, le préfet arrêta les prix maxima ci-après : farine, 44 francs le quintal métrique; pain de première qualité au-dessus de 1 kilogr. 0 fr. 42 le kilogr. Le prix du pain fut relevé en octobre 1915 à 0 fr. 44.

La loi du 16 octobre 1915 organisa la taxation de la farine. Le prix maximum de la farine fut fixé en Vendée, par arrêté préfectoral, à 40 francs le quintal, au moulin; celui du pain à 0 fr. 40 le kilogr. pour le pain au-dessus de 1 kilogr. Le prix de 41 fr. 25 le quintal, ayant été adopté pour la farine dans les départements limitrophes, fut admis en novembre 1915 par l'administration préfectorale de la Vendée, qui, dès le premier moment, avait réclamé instamment l'établissement d'un prix de zône pour toute la région. Le prix du pain fut, par voie de conséquence, porté à 0 fr. 41 le kilogr. par pain d'un poids supérieur à 1 kilogr. Ce dernier prix n'a pas été modifié jusqu'en juillet 1916, époque à laquelle une augmentation de un centime fut accordée aux boulangers.

Les mesures prises en Vendée ont donc permis de maintenir à un taux peu élevé le prix du pain, puisque, depuis la mobilisation jusqu'à la date d'entrée en application du décret du 13 juillet 1917, établissant les nouveaux prix des céréales, le pain ne s'est jamais vendu plus de 0 fr. 44 le kilogr. A partir de la mise en vigueur du décret du 13 juillet 1917, le prix du pain a dû être fixé à 0 fr. 51, puis à 0 fr. 53.

***

La hausse excessive de diverses substances ou denrées provoqua de nouvelles mesures. Le charbon, en particulier, avait atteint des prix fort élevés. La réduction de la production des houillères françaises, la suppression des importations de charbons belge et allemand, avaient entraîné une augmentation considérable des importations de charbon anglais. De cette situation était résultée une hausse des prix telle, que le Gouvernement dut rechercher les mesures à prendre pour régulariser les cours et assurer au public un approvisionnement suffisant. Pour atteindre ce but, il se procura le concours du Syndicat central des importateurs de charbon. Tous les quinze jours, cette association devait indiquer, d'après un tableau des sortes et qualités de charbon arrêté d'avance, les prix pratiqués dans chaque port par ses adhérents et les quantités approximatives dont ils pourraient disposer. Des commissions de contrôle, créées dans les ports d'importation, furent chargées de vérifier le bien fondé des prix pratiqués par les importateurs et de les approuver après avoir constaté qu'ils n'étaient l'objet d'aucune majoration injustifiée. La réglementation ainsi adoptée fut complétée par les dispositions contenues dans la loi du 22 avril 1916, sur la taxation des charbons et la limitation des frets pour le transport de charbons sous pavillon français.

En même temps que cette loi, en fut promulguée une autre, d'un caractère plus général, la loi du 20 avril 1916. Elle avait trait à la fois à la répression des spéculations illicites tendant, même sans emploi de moyens frauduleux, à fausser les cours; à la taxation de diverses marchandises, en vue de ramener à un taux normal les bénéfices exagérés du commerce; à la possibilité de remédier, soit par voie de réquisition, soit par achats à l'amiable, aux dissimulations de marchandises ou aux insuffisances constatées dans l'approvisionnement de la population civile.

Dans les zônes de l'avant et des étapes, l'autorité militaire reçut le pouvoir de taxer toutes les denrées alimentaires et boissons réservées à la consommation des soldats. Elle eut le même pouvoir de décision pour celles destinées à la population civile, après avoir pris toutefois l'avis des préfets des départements intéressés.

Dans la zône de l'intérieur, le droit de taxation fut limité aux substances et denrées ci-après : sucre, café, huiles et essences de pétrole, pommes de terre, lait, margarine, graisses alimentaires, huiles comestibles, légumes secs, engrais commerciaux, sulfate de cuivre, soude, pain et viande. La taxation du sucre, du café, des huiles et essences de pétrole devait être prononcée par décret lorsqu'il s'agissait de la vente en gros. La taxe du pain et de la viande restait régie par la loi des 19-22 juillet 1791, les préfets ayant, si les maires ne taxaient pas, la faculté de se substituer à eux dans les conditions prévues par l'article 99 de la loi du 5 avril 1884. Les autres substances et denrées pouvaient être taxées par les préfets après avis d'un comité consultatif composé, dans chaque département, sous leur présidence, du directeur départemental des services agricoles, du vétérinaire départemental et de seize membres désignés : 4 par le préfet, 4 par le Conseil général, 4 par les Chambres de commerce et 4 par les sociétés agricoles.

Un comité consultatif fut constitué en Vendée sur ces bases. Il émit le vœu que des prix de zône fussent établis pour la taxation des diverses denrées; et que certaines substances ou denrées fussent ajoutées à la liste de celles qui étaient susceptibles d'être taxées. Il demanda la taxation, par décret, du savon; par arrêtés préfectoraux, des fromages, du beurre, et du pétrole vendu au détail. Il suscita l'émission dans les villes d'arrêtés municipaux de taxation de la viande, et demanda l'application plus stricte de ceux qui existaient déjà.

Il ne crut pas pouvoir aller plus loin dans cette dernière voie. Devant les difficultés qu'eussent entraînées l'établissement et l'application d'une taxe départementale uniforme pour l'ensemble du département ou variable suivant l'importance des communes, il se prononça contre la mise en vigueur de pareille mesure. La taxation de la viande soulève, en effet, de sérieuses objections. Comme l'a remarqué dans un article publié par le journal l'*Information*[1], M. Herriot, maire de Lyon et sénateur du Rhône, elle « se heurte à la variation incessante des cours, à la difficulté de préciser les catégories et les qualités, aux complications qu'entraînent une législation incomplète et des pratiques très différentes sur la façon de peser la viande. » M. Herriot ajoutait : « Lorsque la viande arrive dans une boucherie, il est trop tard pour en fixer le cours. Le taxateur ou le répartiteur peut bien agir sur les cours de détail, il ne saurait agir sur les causes vraies qui sont antérieures à la vente au détail. »

Le maire de Lyon exposa et fit prévaloir ses idées dans les réunions des maires des grandes villes de France, que convoqua, en juin 1916, M. Malvy, ministre de l'Intérieur, pour étudier le problème de l'alimentation en viande de boucherie. Sur sa proposition, les maires émirent l'avis que la hausse des viandes « provoquée par la réduction de la production, par l'insuffisance de l'importation,

1. L'*Information*, n° du 24 juin 1916.

par l'abondante consommation de l'armée, pourrait être efficacement combattue par l'unité de fourniture à la population civile et à l'armée; que pour réaliser cette unité et mettre fin aux conséquences qui résultent, pour la population civile, de la réquisition militaire, il y a lieu de constituer, à Paris, sous le contrôle direct du Gouvernement, un office chargé de procéder à la répartition rationnelle du bétail disponible et à la surveillance des viandes. »

Le Gouvernement est entré dans ces vues, en instituant au ministère de l'Intérieur, par décret en date du 6 juillet 1916, un Comité central de ravitaillement « chargé de dresser l'état des ressources du territoire national et l'état des besoins tant de l'armée que de la population civile; de centraliser les réclamations relatives aux approvisionnements et aux prix; d'étudier toutes les mesures propres à assurer l'application des lois » sur le ravitaillement, et notamment de la loi du 20 avril 1916 « et à régulariser le ravitaillement du pays et la répartition des denrées. »

La loi du 30 octobre 1916 donna au Gouvernement le pouvoir de taxer les beurres et les fromages. Elle fut appliquée dans tous les départements en janvier et février 1917. Des dispositions furent également prises pour la taxation des pommes de terre, en gros et au détail.

Ces mesures, de même que celles qui avaient été prises pour le fret et les farines, ne donnèrent pas les résultats qu'on en escomptait. La taxe des beurres et fromages intervint trop tard, à une époque de l'année où le lait était peu abondant et alors que la hausse s'était déjà produite. Les cultivateurs ne voulurent pas s'y soumettre et n'apportèrent plus leur beurre sur le marché que dans des proportions tout à fait insuffisantes. Le beurre fut conservé dans les fermes ou expédié pour partie dans la zône des armées. Il fut aussi dirigé sur les pays de consommation (Midi et région parisienne), où les prix étaient plus avantageux, pendant les périodes de transition au cours desquelles la taxe ne joua pas. Des pays de production beurrière, tels que ceux de la région de l'Ouest, furent alors mal ravitaillés. Il fallut renoncer à la taxe du beurre et des fromages. Il en fut de même pour celle des pommes de terre. La marchandise s'était raréfiée, au point de disparaître à peu près sur le marché; pour en obtenir, les consommateurs n'hésitaient pas à payer des sommes très supérieures aux prix fixés.

Pour le blé, la farine et le son, nombreuses furent les minoteries qui ne se conformèrent pas aux taxes. Elles achetaient le blé dans les pays de production au-dessus du prix légal, et en revanche vendaient leur farine et leur son en majorant d'une ristourne les cours normaux. Pour ne pas compromettre l'alimentation de leurs régions, des administrations toléraient une telle pratique. Dans ces conditions, la taxe avait pour conséquence de gêner l'alimentation publique dans les pays où (comme la Vendée) elle était observée, puisque, sur leurs marchés, industriels et commerçants étaient primés par leurs confrères des contrées où elle restait lettre morte.

A la taxe du fret, on reprocha, à tort ou à raison, d'avoir provoqué une diminution des importations de charbon et une augmentation du prix du combustible.

La taxation ne suffisant pas à entraîner les économies de produits reconnues nécessaires, on recourut aux restrictions. Notre pays connut les jours sans gâteaux, les soirs sans spectacle, le régime des deux plats, celui des jours ou des dîners sans viande. Ces mesures et d'autres du même genre n'eurent qu'un succès relatif, parce qu'elles se heurtèrent à des résistances de l'opinion publique. Les familles firent notamment des provisions de viande, la veille des jours de fermeture des boucheries. Pour obtenir les économies qu'on désirait sur la consommation de la viande, il eût fallu limiter l'abatage dans les abattoirs publics et les tueries particulières, et aller même jusqu'à l'établissement des cartes de viande. Celles-ci eussent été acceptées, comme l'ont été les cartes de sucre et les cartes d'essence.

Il faut bien reconnaitre que, dans les circonstances actuelles, il est difficile d'avoir une doctrine unique et un plan exclusif. Il serait imprudent d'écarter complètement la taxation pour les denrées de première nécessité. Le Gouvernement y a eu recours récemment pour les pommes de terre et les haricots. En Vendée, le préfet s'est vu, il y a quelques jours, dans l'obligation de taxer le lait dont le cours subissait une hausse anormale, provenant pour une bonne part du fait que les beurreries offraient aux cultivateurs pour le produit, des prix de mois en mois plus élevés. Le préfet dut dès lors fixer un prix de vente du lait chez le producteur à un acheteur quelconque, consommateur ou transformateur (0 fr. 25 par litre au maximum), et un prix à la consommation et au détail (0 fr. 30 par litre au maximum). Il fut fait en même temps interdiction à tout dépositaire ou vendeur de lait, de subordonner la vente de cette denrée à celle d'une autre, taxée ou non.

Mais ce qui importe avant tout, c'est d'intensifier notre production de denrées alimentaires et de restreindre aussi fortement que possible notre consommation. Notre production agricole peut être augmentée par la restitution à la terre des vieilles classes de cultivateurs. Quant à la consommation, il serait indispensable qu'on fit comprendre par tous les moyens au public que des restrictions s'imposent. Des mesures législatives ou réglementaires ne pourront avoir effet que si le pays, en saisissant la nécessité, parvient à se plier à la discipline morale qu'exige leur observation.

XXI

Mesures destinées à assurer la Vie normale du Pays.

Les dispositions arrêtées, en août 1914, pour empêcher une hausse exagérée des denrées ne suffisaient pas. Il fut nécessaire, pour assurer la vie normale du pays, de procurer au commerce et à l'industrie les matières premières et la main-d'œuvre qui leur faisaient défaut. Après la mobilisation, à raison de l'arrêt du trafic par voie ferrée ou des réquisitions militaires, les commerçants se trouvèrent bientôt démunis de substances ou de denrées de première nécessité : charbon, sucre, farine, essence, sel, etc. Les préfets furent dans l'obligation de se livrer à de multiples démarches pour faire mettre des wagons à la disposition des commerçants ou des industriels, ou pour procurer soit à ceux-ci, soit aux villes, des marchandises de toutes natures. Le préfet de la Vendée dut faire souvent l'office de courtier bénévole et même conclure personnellement avec des importateurs de charbon, des négociants en sel, des minotiers ou d'autres industriels, de gros marchés dont le bénéfice était rétrocédé... sans commission, aux intéressés.

On dut organiser la marche régulière des minoteries et des boulangeries. Après entente avec le ministère de la Guerre, un certain nombre de minoteries furent affectées à l'alimentation de la population civile et obtinrent la mise en sursis d'une partie de leur personnel, choisie parmi les ouvriers spécialistes des classes anciennes. La guerre se prolongeant, ces mesures devinrent insuffisantes. Il fallut provoquer la réouverture de minoteries d'importance secondaire, pour faciliter le ravitaillement en farine des régions les moins bien partagées.

Les boulangeries ne purent jouir d'un traitement aussi favorable que les minoteries. Des ouvriers boulangers furent bien laissés ou mis à leur disposition pendant une durée limitée, pour permettre aux patrons de rechercher des auxiliaires parmi les non-mobilisables ou de former des apprentis. Mais ce n'était là qu'un régime provisoire. Ce ne fut pas chose aisée pour les municipalités et les négociants, que de trouver les ouvriers nécessaires pour le service des boulangeries. Le problème de l'alimentation en pain se posa, sur certains points, d'une façon aigüe. Il en fut ainsi pour les deux communes de l'île de Noirmoutier. Il n'y avait dans l'île, au moment de la mobilisation, qu'un stock insignifiant de farine, et les minoteries du continent ne pouvaient fournir à leurs clients de marchandise qu'au comptant. Il était pourtant nécessaire que le pain fût cédé à crédit aux familles privées de leurs chefs et se trouvant sans ressources. Or, il était impossible aux boulangers de payer comptant leurs farines et de livrer leur pain à crédit. Cinq patrons boulangers et presque tous leurs ouvriers devaient d'ailleurs rejoindre leurs corps dans les quinze premiers jours de la mobilisation. Pour parer à cette situation qui menaçait de devenir grave, le conseil municipal et toutes les notabilités de Noirmoutier se réunirent et décidèrent de prendre en main la direction des boulangeries, d'acheter une quantité importante de farine et de constituer un comité pour veiller à la distribution du pain, encaisser les fonds et tenir la comptabilité. Une trentaine de souscriptions immédiatement recueillies donnèrent un capital supérieur à 30.000 francs. Un comité de ravitaillement, composé de douze personnes dévouées, conseillers municipaux et fonctionnaires, fut formé sous la présidence du maire de Noirmoutier, assisté de son collègue de la commune de Barbâtre. Ce comité se mit immédiatement à l'œuvre, acheta des farines, obtint le concours des patrons boulangers et des ouvriers qui n'étaient pas encore mobilisés. Il improvisa ensuite des équipes de boulangers.

Le comité fonctionne toujours, exploitant encore à l'heure actuelle deux boulangeries. Sa gestion a été onéreuse par suite de l'absence d'une direction professionnelle et surtout à cause des larges crédits qu'il a dû consentir et des créances qu'il n'a pu recouvrer. Les mesures arrêtées ont eu du moins pour résultat d'assurer d'une façon normale le ravitaillement en pain d'une population de plusieurs milliers d'habitants.

De telles dispositions ne pouvaient être appliquées partout. Des apprentis furent formés, mais ils furent par la suite mobilisés comme appartenant aux jeunes classes ou faisant partie du service auxiliaire. Des Alsaciens-Lorrains ou des Polonais furent placés dans quelques boulangeries. Des internés civils austro-allemands furent aussi proposés dans les communes, mais la plupart d'entre elles refusèrent de les employer. Des femmes de boulangers ne voulaient laisser ouvertes leurs boutiques qu'à la condition d'obtenir la mise en sursis de leurs maris. L'habitude de faire le pain dans les ménages s'était d'autre part perdue dans les agglomérations, et les femmes étaient le plus souvent trop occupées depuis la guerre pour se remettre au travail du four. Dans ces conditions, la situation des boulangeries resta toujours assez instable et nécessita de fréquentes interventions administratives.

Pour assurer l'approvisionnement des minoteries, des cessions de blé exotique et de blé indigène furent faites à ces industries. Le blé exotique était cédé par le ministère du Commerce; le blé indigène était acheté et vendu par l'entremise des commissions de réception, lesquelles agissaient en vertu de la loi du 16 octobre 1915. Or, cette loi avait fixé un prix pour les achats par voie de réquisitions, mais elle avait laissé entière liberté aux opération commerciales; les prix payés par les commissions aux producteurs se trouvaient dès lors en fait inférieurs à ceux du commerce[1]. De

1. Voir chapitre XVI, pp. 162-163.

nombreuses difficultés d'exécution résultèrent de cet état de choses, tant du côté des détenteurs que de celui des cessionnaires. Les premiers, pour éviter une perte, avaient tendance à cacher leurs marchandises ; les seconds, pour réaliser un gain, étaient enclins à exagérer leurs besoins.

La loi du 16 octobre 1915 et le décret du 13 juillet 1917, qui avaient basé le prix du blé sur son poids spécifique, donnèrent lieu récemment à de nouvelles contestations. Le blé devait être vendu 50 francs les 100 kilogr. à la condition de peser 77 kilogr. à l'hectolitre. Mais en fait la densité moyenne du blé récolté en Vendée en 1917 ne dépassait guère 73 à 74 kilogr. à l'hectolitre. Une partie des minotiers vendéens, se prévalant des dispositions législatives sur la matière, refusèrent de payer le blé à un prix autre que celui qui dérivait du poids spécifique, à moins qu'un relèvement de la taxe de la farine n'intervînt à leur profit. Les cultivateurs, trouvant à vendre leur produit, en dehors du département, abstraction faite de son poids spécifique, ne consentirent pas à le céder à des conditions moins avantageuses aux minotiers vendéens. Plusieurs minoteries s'arrêtèrent ou ne marchèrent plus qu'irrégulièrement.

La situation fut critique. Les dépôts de farine que les municipalités des trois chefs-lieux d'arrondissement avaient constitués, d'accord avec l'administration préfectorale, furent mis à contribution. Répondant aux appels des municipalités, le préfet dut, pour alimenter les boulangeries, chercher de la farine dans toutes les minoteries du département restées en fonctionnement. Il obtint du ministère du Ravitaillement l'envoi d'une quantité importante de farine provenant de minoteries de la Loire-Inférieure et de l'Ille-et-Vilaine, et put ainsi parer à la grave crise qui menaçait de se produire. Le département avait offert un moment ce spectacle bizarre de regorger de blé et d'être privé de farine!

La question a été finalement réglée par le relèvement du prix de la farine de 61 fr. 30 les 100 kilogr. à 62 fr. 30, prix déjà admis en Loire-Inférieure. Par voie de conséquence, le prix du pain fut porté de 0 fr. 51 à 0 fr. 53 le kilogramme.

En dehors des questions relatives au fonctionnement des minoteries et boulangeries, les administrations publiques eurent à prendre de multiples mesures pour assurer la vie économique du pays. De nombreux médecins ou vétérinaires avaient été mobilisés. Des cantons se trouvèrent de la sorte dépourvus de praticiens. Il fallut intervenir auprès du service de santé ou de l'autorité militaire pour obtenir l'envoi de mobilisés, dans les postes reconnus indispensables.

Il fallut aussi présenter de nombreuses demandes de sursis en faveur de toutes les corporations dont l'activité importait à l'existence nationale. Ces demandes se multiplièrent naturellement dans de fortes proportions au fur et à mesure que les hostilités se prolongèrent et qu'un resserrement économique s'ensuivit.

Les pouvoirs publics eurent enfin la tâche, combien difficile et ardue, de remédier aux situations exceptionnelles résultant de l'état de guerre, et qui engendrèrent des crises, souvent d'une particulière gravité.

XXII

Les Crises.

Les crises, combien de fois ce mot n'a-t-il pas été employé depuis la guerre! Nombreuses furent au reste les matières premières ou les denrées dont la pénurie ou la raréfaction se firent sentir; et il n'en pouvait être autrement dans les circonstances exceptionnelles que nous traversons.

Ce fut d'abord la crise de la monnaie, qui n'a pas encore cessé. Crise d'autant plus singulière que, depuis l'ouverture des hostilités, l'administration de la Monnaie a livré au public 350 millions de pièces divisionnaires et 8 millions de francs en monnaies de billon qui se sont ajoutés à l'énorme masse d'argent déjà en circulation[1].

1. Renseignements extraits d'un article publié par M. Edmond Théry dans le *Matin* (N° du 26 septembre 1917). M. Théry estime à 1.460 millions le montant des écus ou des pièces divisionnaires, et à 65 millions celui des monnaies de billon en circulation au moment où la guerre a éclaté.

Pour parer à la disette de monnaie divisionnaire, les chambres de commerce et les villes émirent des coupures ou des bons. En Vendée, la Chambre de commerce de la Roche-sur-Yon mit en circulation des billets à concurrence de onze cent mille francs. Ces coupures, d'un caractère artistique, représentaient des billets de deux francs, d'un franc, de cinquante et de vingt-cinq centimes. La chambre avait été précédée dans cette voie par la ville de Montaigu, qui, dès novembre 1914, avait fait une émission de bons fiduciaires de un franc, de cinquante et de vingt-cinq centimes.

Les valeurs émises en France par les villes, les chambres de commerce ou les compagnies industrielles, outre qu'elles firent la joie des collectionneurs, rendirent des services surtout dans les premiers temps de la guerre. Mais leur multiplication eut de sérieux inconvénients. Nous eûmes des billets déchirés et sales, qui n'avaient même pas l'avantage de pouvoir circuler partout. Ils sont censés devoir être acceptés tout au moins dans la région à laquelle appartient le département d'émission. En fait, il en est parfois différemment; les billets de la Chambre de commerce de la Vendée, par exemple, sont refusés dans la Loire-Inférieure, à Saint-Nazaire. Puis, la mise en circulation de valeurs fiduciaires locales provoqua la disparition des pièces et des sous; les négociants, dans des villes comme Nantes, rendent sur les achats, la monnaie en timbres-poste. Suivant la loi économique connue, la mauvaise monnaie chasse la bonne. Des mesures paraissent s'imposer à l'heure actuelle : il faudrait poursuivre sans merci tous ceux qui accaparent la menue monnaie et spéculent sur elle; il serait, en outre, utile de substituer aux coupures locales ou départementales, des billets ayant cours partout en France et remplacés en cas d'usure. Ce serait naturellement à la Banque de France qu'incomberait, s'il n'était pas trop tard, une telle tâche.

Quel commerçant ou industriel ne s'est plaint de la crise des transports? Des enquêtes ont été ouvertes dans la presse, des récriminations nombreuses se sont fait entendre dans le public. Forcément, les nécessités militaires ont immobilisé une grande quantité de wagons, et il en sera de même aussi longtemps que dureront les hostilités. Il convient de remarquer cependant que le ministère des Travaux Publics s'est efforcé d'arriver à une meilleure utilisation du matériel roulant et qu'il y est parvenu pour une bonne part. En outre, certaines régions ont été moins mal desservies que d'autres. La région de l'Ouest a été de ce nombre : pour les transports dans l'intérieur des départements, la Compagnie des chemins de fer de l'Etat a utilisé des wagons dits de brouettage : voitures d'aspect archaïque, aux parois souvent disjointes, mais qui ont rendu d'inappréciables services.

***

Une crise qui a atteint l'ensemble des consommateurs, est celle de la vie chère. Il n'est pas un producteur qui n'ait augmenté ses prix, en invoquant l'élévation de son prix de revient. C'est l'argument qu'a mis en avant l'Etat lui-même, lorsque, tout récemment, il a changé le prix de vente de ses allumettes. Et de fait, par suite de la disproportion entre la production, qui diminuait, et la consommation, qui allait en croissant; par suite également du développement de l'esprit de spéculation ou de lucre, le coût de la vie n'a cessé de hausser, aussi bien dans les bourgs que dans les grandes villes.

Les articles de pharmacie, de quincaillerie, de

parfumerie ont augmenté de cent pour cent. Les chaussures, les vêtements ont subi une majoration considérable. Le bois de chauffage, coté en 1914 25 francs la corde (trois stères environ), se vend actuellement 100 francs; le prix des fagots passe de 45 à 110 francs les cent. L'augmentation n'a pas été moindre pour tous les produits alimentaires. Le vin, raréfié par les réquisitions militaires, s'est vendu à des prix tels, que les petits vins de Vendée ont coûté presque aussi cher que les vins de Bordeaux avant la guerre. Le double décalitre de haricots se vend 25 francs au lieu de 6 francs; le prix des œufs monte de 0 fr. 90 à 4 francs la douzaine; celui du beurre, de 3 francs à 7 francs le kilogramme. Les viandes de boucherie, les volailles, les articles d'épicerie ont subi des élévations de prix analogues.

Que si l'on veut taxer les produits agricoles, les agriculteurs font remarquer qu'eux-mêmes sont obligés de payer tout plus cher : main-d'œuvre, engrais, instruments et outils agricoles, réparations de diverses natures. Les dépenses de main-d'œuvre notamment se sont élevées, il faut le reconnaître, dans de singulières proportions : les valets de ferme, payés avant la guerre de 7 à 900 francs, exigent maintenant de 1.500 à 2.000 francs par an; les enfants gardiens de troupeaux sont payés annuellement de 6 à 800 francs au lieu de 300 francs. Les journaliers nourris à la ferme reçoivent un salaire quotidien de 5 à 7 francs, au lieu de 3 à 3 fr. 50. Les difficultés de main-d'œuvre ont été telles à certains moments, les exigences des ouvriers ont paru si insupportables aux cultivateurs vendéens qu'ils auraient voulu voir le préfet taxer les salaires. Nombreuses ont été les plaintes contre les chasseurs qui ne se consacraient pas au travail de la terre. D'aucuns, dans les communes du marais poitevin, auraient voulu que la pêche très lucrative des grenouilles fût interdite, et que les pêcheurs fussent de la sorte contraints de travailler aux champs. Intentions excellentes certes, mais combien inapplicables en droit et en fait!

Les agriculteurs s'élèvent aussi contre les prix élevés des engrais. Ils paient le superphosphate de chaux 25 francs les 100 kilogr., au lieu de 6 à 8 fr. 50 en 1914; le nitrate de soude, 65 francs les 100 kilogr. au lieu de 24 à 29 francs; les tourteaux d'arachide, 55 francs au lieu de 15 à 17 francs. Les instruments et outils agricoles ont subi une majoration de 70 à 120 pour 100. De même, a augmenté le coût de tous les travaux de charronnage, de maréchalerie et de sellerie-bourrellerie.

Et, en dehors de ces élévations de prix, il faudrait tenir compte du surcroît écrasant de labeur que s'imposent les ruraux, des difficultés sans nombre qu'ils ont à surmonter. L'intendance militaire a procédé, au printemps de 1917, à de grosses réquisitions de fourrages ; elle en effectue de non moins lourdes actuellement. Les agriculteurs ont pour nourrir leur bétail, une peine dont seuls peuvent se rendre un compte exact ceux qui vivent au milieu d'eux. L'activité agricole serait-elle la même si l'excès de travail des cultivateurs, si leurs misères de toutes sortes n'avaient pas pour compensation la perspective de gains élevés ?

Quoi qu'il en soit, il n'est pas douteux que l'exploitation du sol est particulièrement rémunératrice. Les céréales, les légumes et les menus produits de la ferme se vendent si avantageusement, que leurs détenteurs, malgré l'élévation de leur prix de revient, ne peuvent moins faire que de gagner de grosses sommes. Veut-on quelques exemples : tel cultivateur, qui avait loué une pièce de terre moyennant 125 francs, a pu en tirer un revenu de 1.200 francs. Tel autre, qui avait obtenu à titre gratuit la cession d'un champ abandonné, y a gagné 2.000 francs, en pratiquant la culture des haricots. On conçoit que, dans de telles conditions, l'aisance soit grande depuis la guerre dans tous les milieux ruraux.

Est-il donc possible de concilier les intérêts des producteurs et des consommateurs? On a pensé à la taxation. Mais elle risque, si elle est appliquée sur une trop large échelle, d'avoir le gros inconvénient de décourager le producteur. Pour éviter cet écueil, il serait indispensable de taxer en même temps que les produits agricoles, les instruments et les matières nécessaires à la production. Puis, à peine une taxe est-elle établie, qu'elle n'est respectée ni par les consommateurs au profit desquels elle a été édictée, ni souvent par les administrations chargées de la faire appliquer. Se heurtant à la loi de l'offre et de la demande, elle tombe bientôt en désuétude.

Quelles mesures serait-il dès lors possible d'arrêter pour arriver à un abaissement du prix de la vie? Le taux des frets ayant une grosse influence sur le coût des denrées, le Gouvernement a pris récemment des dispositions pour régler la question.

Il y aurait lieu, encore, de faire des installations frigorifiques pour y déposer et y conserver les viandes frigorifiées, et les denrées périssables telles que le beurre et le poisson. Il serait possible sur nos côtes d'éviter la perte de grandes quantités de poisson, si on y créait des établissements de ce genre. Il faudrait intensifier la production agricole pour arriver à un approvisionnement plus abondant des marchés : on pourrait parvenir à ce résultat en restituant à la terre les vieilles classes, et en affectant à l'agriculture un nombre plus important de prisonniers de guerre. Il serait nécessaire de recourir davantage à la coopération. Si des coopératives de consommation, achetant directement les denrées à la production, se créaient partout où la vie devient trop chère, il est certain que ces groupements réaliseraient d'appréciables économies, dont profiteraient tous leurs adhérents.

Il serait facile, en signalant toutes les matières ou denrées dont la production ou l'importation ont diminué par suite de l'état de guerre, d'énumérer de nombreuses crises. Il suffira de citer celles qui ont retenu au plus haut degré l'attention publique, la crise du charbon et celle du blé.

Par suite de la guerre sous-marine, de l'insuffisance de tonnage de notre marine marchande et des irrégularités qui se produisaient dans la répartition du charbon, la crise du combustible a sévi en France à l'état aigu pendant l'hiver de 1916 et une partie de l'année 1917. Il en a été ainsi particulièrement en Vendée. Le département ne recevait plus de charbon des places de La Rochelle et de Nantes, qui suffisaient avec peine à alimenter la Charente-Inférieure et la Loire-Inférieure. Il n'entrait plus de bateaux charbonniers au port des Sables d'Olonne. De tous côtés, en Vendée, on réclamait du charbon des mines de Faymoreau, situées sur le territoire du département. Mais la production de ces houillères était réservée à des établissements travaillant pour la Défense Nationale, et la direction ne pouvait disposer chaque mois que d'une faible quantité de combustible. A la demande de l'administration préfectorale, les mines de Faymoreau purent néanmoins venir en aide à des hôpitaux, à des établissements d'enseignement et à des industriels qui se trouvaient dans l'impossibilité de se ravitailler dans le commerce. Mais des usiniers, des minotiers notamment, étaient sur le point de fermer leurs établissements faute de combustible.

Un sinistre de mer, survenu en Vendée, eut comme conséquence heureuse de procurer au département le charbon qui lui faisait si complètement défaut. En février 1917, un vapeur anglais le *Poll-Crea*, allant de Cardiff à Bayonne avec une cargaison de charbon, fut canonné par un sous-marin allemand et vint s'échouer sur la côte de Vendée. Il avait été affrété par la Compagnie des chemins de fer de l'Etat. Le lieu où il se trouvait rendait difficile pour la compagnie le transport du charbon jusqu'à la gare la plus proche, distante d'environ six kilomètres; il eut fallu établir une voie ferrée à travers dunes et forêts. Le préfet entra en rapports avec la compagnie et acheta ferme la cargaison. Il constitua ensuite un groupement composé d'industriels travaillant pour la Défense Nationale et de minotiers, et lui céda le charbon dont il avait fait l'acquisition. Une quantité de 1.250 tonnes fut répartie entre les adhérents et améliora pour un certain temps la situation du département.

La distribution du charbon du *Poll-Crea* avait été à peine commencée que tous les industriels, toutes les villes en réclamaient, soit au préfet, soit au président du groupement charbonnier. Il n'était malheureusement pas au pouvoir de ceux-ci de centupler le chiffre du tonnage, comme il l'eût fallu pour faire face à toutes les demandes.

Les usines à gaz de Fontenay-le-Comte et de la Roche-sur-Yon durent arrêter leur fonctionnement pendant trois mois. Les maréchaux-ferrants et les forgerons ne pouvaient plus s'alimenter en charbon de forge; les fabricants de conserves de sardines étaient inquiets pour l'ouverture de leur campagne, et il en était de même des entrepreneurs de battages.

Pour l'attribution de charbon aux maréchaux-ferrants et aux forgerons, le préfet s'entendit avec l'ingénieur-directeur des mines de Faymoreau. Il créa dans chaque canton un groupement des intéressés, et le charbon fut expédié à l'un d'eux désigné par ses collègues. Les maréchaux-ferrants et forgerons du département avaient ainsi reçu, avant l'entrée en fonctionnement des groupements Loucheur, une quantité d'environ 800 tonnes de charbon.

Deux députés, MM. de Baudry d'Asson et Rochereau, ayant obtenu un bateau de la flotte de secours, purent importer en Vendée 1.500 tonnes de charbon, qu'ils cédèrent notamment à la ville de la Roche-sur-Yon pour son usine à gaz, et à des entreprises de battages. Un autre député, M. le Dr Pacaud, faisait de son côté attribuer à diverses reprises à l'usine à gaz des Sables d'Olonne le combustible qui lui était nécessaire.

Un bateau charbonnier entré au port des Sables d'Olonne, en mai 1917, procura aux usines de conserves, du charbon pour entreprendre leur campagne.

A la même époque, le préfet constitua un groupement charbonnier pour l'alimentation des industries du département. Ce groupement ne put que commencer ses opérations. Il avait importé en Vendée environ 400 tonnes de combustible, et il venait d'obtenir l'attribution d'une licence d'importation et la promesse de mise à sa disposition d'un bateau de la flotte de secours, lorsque parut la réglementation instituée, pour la répartition du charbon, par le sous-secrétariat d'Etat de l'Armement et des Fabrications de guerre. Le groupement charbonnier estima qu'il n'avait plus de raison d'être et prononça sa dissolution. Il ne fallait pourtant pas laisser tomber la licence d'importation de 3.000 tonnes de charbon qui lui avait été accordée. Le préfet provoqua la reconstition du groupement charbonnier et fit rétrocéder à la nouvelle association la licence consentie à l'ancienne. Le groupement présidé par M. Eugène Gendreau, industriel, ancien conseiller général, rendit de réels services en procurant du charbon à l'industrie, petite ou grande, du département, pendant la période de transition où ne jouaient pas encore les nouveaux organismes créés par le sous-secrétariat d'Etat de l'Armement et des Fabrications de guerre.

D'autres groupements moins importants, constitués par l'administration préfectorale, assurèrent la répartition entre des minotiers et d'autres industriels, de quelques lots d'anthracite obtenus à la Rochelle, à Nantes, ou aux Sables d'Olonne.

Si des attributions de charbon avaient pu être assurées à l'industrie, les particuliers avaient été moins bien partagés. Ils en avaient été réduits à faire l'acquisition de boulets faits par des fabricants avec des déblais terreux de houillères abandonnées et des débris de schiste. Boulets de guerre, qui dans la pénurie de charbon où on était, trouvaient des amateurs — peut-être pas toujours les mêmes, il est vrai!

M. Loucheur, sous-secrétaire d'Etat, actuellement ministre de l'Armement, réglementa l'importation, la production et la répartition du charbon en France. La Vendée bénéficia tout d'abord, pour ses battages de céréales, de l'organisation nouvelle. La question était importante au double point de vue départemental et général. Les battages s'effectuent, en effet, en Vendée, immédiatement après la moisson, et les propriétaires livrent au commerce le blé dès qu'il est battu. Le Bureau national des charbons mit environ 7.000 tonnes de briquettes à la disposition du préfet. Cette quantité de combustible, s'ajoutant à celle qui existait déjà dans le département, permit de faire les battages dans des délais à peu près normaux, puisqu'ils étaient terminés en octobre.

Des envois de charbon furent faits par la suite pour la consommation domestique. Ils furent adressés aux municipalités, à des groupements de communes, ou aux négociants désignés par les maires. L'office départemental des charbons et le préfet ne crurent pas devoir instituer pour l'ensemble du département un système de cartes de charbon, qui eut risqué d'augmenter le nombre des consommateurs. Mais des cartes locales ont été créées par quelques municipalités, celles de la Roche-sur-Yon, des Sables d'Olonne, de Montaigu notamment.

Les expéditions de charbon pour les foyers domestiques se font à l'heure actuelle à peu près régulièrement. Si elles continuent de la sorte pendant un certain temps, et si, à son tour, la petite industrie peut être approvisionnée d'une façon plus large par le ministère de l'Armement, la crise du combustible se trouvera sensiblement atténuée en Vendée.

***

La crise du blé reste la grande préoccupation actuelle. C'est cette année qu'elle s'est imposée d'une façon impérieuse à l'attention des pouvoirs publics. Une dégression des plus inquiétante se manifeste depuis cinq ans, dans la production des céréales. Celle du blé, en particulier, qui s'élevait en 1913 à 87.830.000 quintaux, n'était plus en 1914 que de 76.930.000 quintaux; en 1915, de

60.630.000 quintaux; en 1916, de 58.410.000 quintaux; et en 1917, de 39.900.000 quintaux.

Des mesures ont été prises par le Gouvernement pour remédier à la situation. La mobilisation avait enlevé à l'agriculture près de trois millions d'hommes. Pour maintenir la vie même du pays, il parut indispensable de rappeler à l'arrière les agriculteurs des vieilles classes. Ainsi, sont revenus dans leurs foyers les hommes des classes 1888, 1889, 1890, 1891, les R. A. T. auxiliaires, les pères de cinq enfants et les veufs pères de quatre enfants.

Puis, pour encourager la production, les prix des céréales ont été relevés. Le décret du 13 juillet 1917 a fixé à 50 francs les 100 kilogr. le prix du blé. Il est vrai qu'en même temps le prix de 42 francs était admis pour l'orge, le maïs, le seigle, le sarrasin et l'avoine. On a fait remarquer que le prix de ces céréales n'était pas en rapport avec celui du blé. L'avoine, notamment, donne un rendement à l'hectare supérieur à celui du blé, demande moins de soins, et exige moins d'engrais. L'écart de taxation entre les deux espèces de céréales était donc insuffisant.

En Vendée, les agriculteurs avaient intérêt à

étendre la culture des haricots, en raison des hauts prix atteints par ce produit. Dans d'autres pays, il leur était plus avantageux de pratiquer l'élevage du bétail que de se livrer à la culture du blé. C'est sans doute pour tenir compte de ces objections que le Gouvernement a annoncé récemment que le blé serait vendu au moins 60 francs les 100 kilogr. en 1918.

Une active propagande a été faite, cet automne, pour provoquer l'augmentation des ensemencements en blé. L'agriculture réclamait avec instance des engrais chimiques, dont elle est privée depuis le début de la guerre. Lors de la grande discussion qui eut lieu à la Chambre des députés, en septembre et octobre 1917, sur les questions de ravitaillement, le ministre de l'Agriculture a fait connaître les dispositions qu'avait arrêtées le Gouvernement pour en procurer dans la plus large mesure possible aux exploitants.

La question de la production du blé s'est posée avec la même acuité à l'étranger qu'en France. En Angleterre et en Suisse, des mesures énergiques ont été prises pour intensifier la culture des céréales panifiables. En présence des difficultés croissantes d'importation, le Conseil fédéral suisse a, par arrêté du 3 septembre 1917, enjoint aux cultivateurs d'augmenter de 50.000 hectares la surface ensemencée en céréales d'automne et a réparti l'augmentation entre les cantons. Ceux-ci avaient à fixer la surface qui devait être ensemencée par les communes, et chaque commune la surface que devaient cultiver les exploitants. Les communes ont reçu le droit de prendre les terres non cultivées ou mal exploitées, de réquisitionner les instruments et les animaux de travail, et de fixer les méthodes à suivre. Les récoltes seront achetées par la Confédération sur la base du prix de vente des céréales monopolisées, c'est-à-dire importées. Une sanction rigoureuse a été fixée : « la surface à ensemencer attribuée à un canton, à un district ou à une commune sera prise en considération pour leur alimentation en céréales panifiables, pendant les années prochaines, et notamment pour la fixation des céréales monopolisées. » Le département fédéral militaire ajoute : « cela veut dire simplement que la Confédération fournira moins de céréales aux régions et communes qui ne se sont pas conformées à ses instructions. »

Les dispositions adoptées par nos voisins pour augmenter la culture du blé pourraient-elles être imitées chez nous? Il est permis de répondre affirmativement, encore qu'on pourrait s'abstenir de les sanctionner d'une façon aussi draconienne. Dans son dictionnaire philosophique, Voltaire écrivait : « Il n'est juste d'encourager la culture du blé aux dépens d'une autre culture que dans les pays où la récolte ne suffit pas année commune à la subsistance du peuple, parce que ce serait un mal pour une nation de ne pas être indépendante des autres pour la denrée de nécessité première, du moins tant que les préjugés mercantiles subsisteront. » Ces principes restent vrais, et dans les circonstances actuelles les pouvoirs publics ont le droit de réglementer la culture des céréales panifiables et d'exiger que les départements, les communes et les particuliers y consacrent une étendue de terrain déterminée. Ils peuvent demander à toutes les familles de cultivateurs qui reçoivent l'allocation militaire, à tous les sursitaires, voire même à tous ceux qui obtiennent une permission de quelque durée, d'ensemencer en blé une surface fixée d'après l'étendue de la propriété et la nature du sol. La sanction consisterait en le retrait des allocations, des sursis ou des permissions. La question pourrait être réglée pratiquement dans chaque département par la commission départementale de la main-d'œuvre agricole, à laquelle seraient adjoints au besoin des représentants des diverses associations agricoles. Si l'on entrait dans cette voie, il n'est pas douteux qu'on aboutirait à un accroissement très important des ensemencements[1].

Il y a lieu de remarquer qu'en Vendée, les cultivateurs, utilisant les suppléments de main-d'œuvre procurés par les mises en sursis des hommes des vieilles classes et profitant de circonstances atmosphériques favorables, ont fait, cette année, les semailles d'automne sur une surface plus étendue qu'en 1916. Ils étaient stimulés par les hauts prix du blé pratiqués à l'heure actuelle et par ceux plus élevés encore qui sont annoncés pour 1918. Le manque d'engrais empêchera malheureusement le rendement à l'hectare de correspondre à la superficie des terrains ensemencés.

1. Une proposition de loi de MM. Jean Locquin, Mauger, etc.., inspirée du système suisse, a été déposée à la séance du 12 octobre 1917 de la Chambre des députés. — V. *Journal officiel* du 1er novembre 1917, Documents parlementaires, Annexe n° 3846, pp. 1404-1405.

Il est difficile, de fournir à la culture en quantité suffisante des superphosphates de chaux. Il serait du moins possible de développer la production de la chaux. Les carrières de pierre calcaire abondent en France. Il serait nécessaire de donner des sursis aux hommes susceptibles d'exploiter ces carrières, et de procurer aux chaufourniers du charbon pour qu'ils puissent remettre leurs fours en activité. Le chaulage remédierait dans une large mesure au manque d'engrais chimiques dont souffre l'agriculture[1].

Devant les insuffisances de notre production indigène, le ministère du Ravitaillement eut la tâche difficile de satisfaire aux besoins de l'alimentation publique. Il dut y pourvoir à l'aide non seulement de l'importation, mais aussi de restrictions imposées à la population. A partir de mars 1917, put

1. La question a été soulevée à la Chambre des députés par MM. Emile Dumas et Louis Dubois (séance du 5 octobre 1917), et dans la presse (La *Liberté*, n° du 28 août 1917) par M. Marcel Vacher, membre de l'Académie et du Conseil supérieur de l'Agriculture.

dire dernièrement notre ministre du Ravitaillement général, « notre ravitaillement en céréales panifiables ne s'est fait que jour par jour, pour ne pas dire heure par heure[1]. » Le Gouvernement eut donc les plus vives craintes pour assurer la consommation publique jusqu'à la récolte de 1917, pour « faire la soudure, » suivant le mot si souvent répété. En vue de connaître les existences en céréales, il fit procéder en avril 1917 à un recensement général. Cette opération donna des résultats très inférieurs à ceux sur lesquels on comptait. Il est vrai qu'elle avait été effectuée dans des conditions peu favorables. Un délai trop court pour des milieux ruraux, fut donné aux détenteurs à l'effet de faire leurs déclarations. Les opérations de recensement furent précédées immédiatement de réquisitions faites par les intendants militaires chez les minotiers et les négociants, de recherches de blé chez les agriculteurs par les commissions de ravitaillement; ces mesures amenèrent les cultivateurs à cacher les céréales. Les producteurs jugèrent, aussi, insuffisante la quantité de 100 kilogr. de blé par tête qui leur était laissée pour la con-

1. Discours de M. Long, ministre du Ravitaillement général, Chambre des députés, séance du 11 octobre 1917.

sommation familiale. Gros mangeurs de pain, ils redoutèrent d'en manquer, et plutôt que de se voir rationnés d'une façon qui leur parut excessive, beaucoup s'abstinrent de faire des déclarations. Certains purent faire le calcul qu'en raison de l'augmentation du prix du blé prévue pour la prochaine récolte, ils avaient intérêt à garder la denrée jusqu'après les battages de l'été 1917, époque à laquelle ils mélangeraient le blé vieux et le blé nouveau, ou consommeraient le premier et vendraient le second à des conditions plus rémunératrices.

Les résultats du recensement général des céréales furent ainsi faussés, et les appréhensions augmentèrent. Pour atteindre la récolte de 1917, le ministère du Ravitaillement recourut à une mesure extrême. Par décret du 3 mai 1917, il porta à 85 pour 100 le taux d'extraction de la farine, fixé d'abord à 74 pour 100 (loi du 16 octobre 1915), puis à 77 pour 100 (loi du 25 avril 1916) et à 80 pour 100 (loi du 29 juillet 1916). Il décida également l'incorporation à la farine de froment, de farines de succédanés du blé. Le mélange de la pomme de terre fut fort recommandé. Il fut expérimenté en grand par la municipalité de Lyon, qui utilisa de la farine de froment blutée à 70 p. 100. L'essai ne fut pas satisfaisant. Le pain obtenu était de qualité excellente, mais de fabrication compliquée, et son prix de revient était élevé[1].

D'autres succédanés du blé furent employés, suivant les ressources de chaque région : seigle, maïs, sarrasin, orge, blé. En Vendée, des essais furent faits avec l'orge et la fève. En présence du faible rendement de l'orge en farine, l'administration préfectorale admit le mélange de la fève et du blé, dans la proportion de 6 pour 100 de farine de fève et de 94 pour 100 de farine de froment.

Les mélanges de farines furent acceptés par l'opinion publique. Mais l'élévation à 85 pour 100 du taux de blutage souleva les plus vives protestations. Des meuniers s'abstenaient de nettoyer les blés, procédant à la mouture intégrale du blé tout venant, sans enlever les impuretés, telles que la nielle et l'ivraie, graines dangereuses. Le ministre de l'Agriculture dut appeler sur de telles pratiques

1. La pomme de terre a été jadis utilisée en Vendée pour la confection du pain. Elle était employée soit avec le froment, soit avec le seigle, la baillarge ou le sarrasin. V. *Statistique générale de la Vendée*, par Cavoleau et de La Fontenelle de Vaudoré, 1844, pp. 613-614.

l'attention des agents du service de la répression des fraudes. Les minotiers faisaient de leur côté observer qu'il leur était impossible d'obtenir un blutage à 85 pour 100. Qu'à cela ne tienne, répondirent les services de l'intendance : « avec 100 kilogr. de blé de n'importe quelle qualité, vous devez obtenir obligatoirement 85 kilogr. de farine par blutage ou plus simplement par addition de son, jusqu'à concurrence des 85 pour 100 que vous devez nous rendre[1]. » L'incorporation du son au pain était ainsi décidée. Les agriculteurs se plaignirent qu'on perdit une quantité considérable de son, si nécessaire pour l'alimentation des animaux, alors qu'il n'est pas assimilable par l'homme. Les consommateurs déclarèrent le pain indigeste, lui attribuèrent des maladies ou indispositions, et le gaspillèrent en rejetant la mie. On essaya d'améliorer sa fabrication. Le sous-secrétariat d'Etat des Inventions préconisa un procédé dû au professeur Lapicque et à M. Legendre : il consistait, pour diminuer l'action fermentescible des remoulages et des petits sons conte-

1. Circulaires des services de l'intendance citées par M. Henri Cosnier à la Chambre des députés, séance du 5 octobre 1917.

nus dans la farine blutée à 85 pour 100, à faire la pâte avec de l'eau de chaux au lieu d'eau ordinaire. D'autres savants proposèrent même l'amélioration de cette méthode. Rien n'y fit, les préventions persistèrent dans le public. Pour satisfaire leur clientèle, les petits moulins à eau ou à vent blutèrent fort au-dessous de 85 pour 100; des boulangers tamisèrent la farine entière qui leur était servie, pour n'employer que de la farine à peu près blanche. Les plaintes des négociants ou des industriels les uns contre les autres abondèrent, et aboutirent à de nombreuses poursuites. La légalité du décret du 3 mai 1917, qui avait modifié le taux d'extraction de la farine fixé par une loi, fut discutée en justice. Le ministre du Ravitaillement général, M. Maurice Long, reconnut finalement que les plaintes auxquelles donnait lieu l'emploi de la farine à 85 pour 100 étaient fondées. Les sommités médicales et scientifiques « que j'ai consultées, disait-il à la séance de la Chambre des députés du 29 septembre 1917, sont unanimes à reconnaître que les mélanges de succédanés ne présentent aucun inconvénient; elles sont unanimes à dire que le blutage actuel présente des inconvénients, provenant de la présence du son et des graines ou corps étrangers qui se trouvent dans le blé. Elles préconisent, en général, le retour à la formule de la farine entière avec une plus ou moins grande proportion de remoulages, mais elles insistent sur la suppression du son et des corps étrangers. » M. Maurice Long ajoutait : « Si nous voulons donner au pays un pain vraiment sain, il faut proportionner le taux d'extraction de la farine à la qualité du blé.... La population est unanime à nous dire : « donnez-nous moins de pain, mais qu'il soit de meilleure qualité. » Je vous proposerai donc, messieurs, de revenir à la formule de la farine entière pour les hommes et du son pour les animaux. »

Les statistiques agricoles ayant évalué à environ 40 millions la récolte de blé de 1917, ont fait ressortir, par rapport à nos besoins, un déficit d'environ 50 millions. Aussi, en dehors des dispositions prises pour importer du blé étranger, les déclarations des récoltes furent-elles rendues obligatoires. Les battages des céréales, dans tous les départements, furent intensifiés. Des agents répartiteurs ont été institués pour « mobiliser la marchandise », à peine battue. Enfin un rationnement notable de la consommation du pain a été envisagé.

Il est à craindre que les carnets de récoltes ne donnent que des résultats s'éloignant sensiblement de la réalité. Ils accordent aux producteurs une tolérance de 20 pour 100; elle risque fort d'être dépassée par eux, à supposer même que la plupart fassent des déclarations. Les relevés de battages donneront des chiffres plus exacts, bien qu'ils puissent prêter à certaines dissimulations et qu'une partie des grains ne soit pas battue par des matériels de battage, mais suivant des procédés anciens (au rouleau ou au fléau).

Les agents répartiteurs — courtiers en relations quotidiennes avec le commerce — peuvent, comme on le désire, faire sortir rapidement le grain des greniers. Leur institution ne laisse pas pourtant que de susciter des craintes dans les pays de production. On y redoute que ces agents n'expédient dans les centres de consommation des quantités de blé telles, qu'il n'en reste pas suffisamment sur place pour l'alimentation publique. En 1915-1916, l'administration préfectorale de Vendée avait mis en pratique un système qui lui permettait de suivre les sorties de céréales et de savoir à tout instant si elles restaient dans les limites des besoins du département. Les personnes qui voulaient expédier du blé hors de la Vendée étaient tenues d'en demander l'autorisation au préfet. Cette autorisation était immédiatement et toujours accordée; mais en rapprochant les chiffres des permissions de sortie, du total des existences donné soit par les relevés des carnets de battages, soit par les statistiques du comité départemental de ravitaillement, il était aisé de se rendre compte, d'une façon approchant autant que possible de la réalité, des quantités de blé qui restaient dans la contrée. Ce système permit aux représentants de la Vendée au Parlement, et au préfet, d'établir auprès du ministère du Ravitaillement, que le blé recensé dans le département en avril 1917, y était nécessaire pour la nourriture des habitants. La soudure se fit ainsi en Vendée sans de sérieuses difficultés; l'administration préfectorale et la sous-intendance militaire purent mettre même en fin de campagne, 10.000 quintaux de blé à la disposition du ministère du Ravitaillement pour l'alimentation des autres départements.

A l'heure actuelle, les battages n'étant pas effectués partout, le Gouvernement est bien dans l'obligation de prendre le blé où il le trouve et de donner aux agents répartiteurs des ordres en conséquence. Mais pour régulariser les expéditions, pour établir l'égalité entre les départements, M. Long, ministre du Ravitaillement général, a conçu le projet de réaliser la réquisition générale des céréales. Les récoltes, réserve faite des semences et des besoins de la consommation familiale, seraient de la sorte mobilisées « pour être mises à la disposition de la nation tout entière. »

L'établissement des cartes de pain a, de même, été prévu pour restreindre la consommation. Des cartes ont été mises en distribution dans les communes de 5.000 habitants et au-dessus. Leur relevé doit servir de base pour établir la consommation du pays. Le ministère du Ravitaillement a l'intention d'exonérer du rationnement de pain auquel il veut procéder, les populations rurales, « parce que leur consommation est trop considérable par rapport à la moyenne et que, d'autre part, étant les producteurs et les détenteurs de la marchandise, vouloir les rationner équivaudrait à leur faire fermer leurs greniers. » Des restrictions importantes atteindraient en revanche le reste des habitants. Mais la diminution de la quantité du pain serait compensée par une amélioration de sa qualité. Il est juste de laisser à la disposition des travailleurs manuels, paysans ou ouvriers, une quantité assez forte de pain, puisqu'il est la base de leur alimentation. Quant aux autres consommateurs, il n'est pas douteux qu'ils consentiraient volontiers à avoir une ration moins forte de pain, s'il était meilleur que le pain actuel.

Dans une guerre d'usure, comme la guerre que nous soutenons, il faut bien organiser notre résistance économique et par suite nous imposer des restrictions. Elles seront bien peu de chose à côté de celles que supportent nos soldats; en face aussi des privations que subissent depuis si longtemps nos ennemis. Comme l'a dit un député, M. Lémery, « la Victoire appartiendra à celui qui, dans l'immense bataille engagée, aura les derniers stocks. »

XXIII

A l'Arrière.

On parle parfois de la France du front et de celle de l'arrière. Fâcheuse opposition, sinon d'idées, tout au moins de mots! Il n'y a, depuis la guerre, comme il n'y avait en temps de paix, qu'une France « une et indivisible. » Une étroite solidarité n'a cessé d'exister entre ceux qui combattent et ceux qui produisent. C'est que notre armée réunissant, en un rapprochement d'hommes de toutes situations, les éléments virils du pays, est vraiment l'image de la Nation soulevée contre l'envahisseur. Chaque jour, nos magnifiques troupes font de merveilleuses prouesses. Que sont les combats anciens auprès des sanglantes mêlées de notre Grande Guerre? Et combien pâlissent les plus célèbres épopées auprès des pages immortelles qu'écrivent avec leur sang nos sublimes soldats!

Comment auprès des exploits des combattants pouvoir placer l'œuvre de l'arrière : tâche obscure du paysan et de l'ouvrier qui ont assumé le plus écrasant des labeurs; ardents efforts de tous les Français qui ont contribué à la Défense Nationale en apportant à l'Etat leur or, leurs économies, leurs produits, et en soutenant les multiples œuvres de guerre, créées sur les divers points du territoire? Certes, l'immense travail de production effectué loin de la ligne de feu n'a constitué, si indispensable fût-il, qu'un à côté de la lutte gigantesque. Certes, les dévouements prodigués et les sacrifices consentis à l'intérieur ne peuvent se citer qu'en marge de la guerre, et ceux qui les accomplissent savent eux-mêmes que dans le drame où se joue l'existence du pays, leur rôle a été celui de simples comparses. N'est-ce pas au reste rendre encore hommage à nos héros que d'essayer de montrer la persistance de l'activité économique du pays, son admirable tenue morale? C'est à leur exemple qu'elles sont dues; ce sont leurs pères, leurs femmes, leurs enfants qui, en leur absence, se sont consacrés à l'énorme tâche réalisée depuis plus de trois ans.

Tous ont fait leur devoir, bien souvent au-dessus de leurs forces. Au milieu des difficultés de l'heure présente, la vie collective s'est poursuivie sans interruption. Privées d'une partie, parfois même de la majorité de leurs membres, les municipalités ont fonctionné avec autant de régularité qu'en temps normal. Et pourtant quel lourd travail ont-elles assumé : questions d'allocations, de réquisitions, de recensement militaire, de ravitaillement de la population civile, enquêtes et statistiques de toutes natures, elles ont dû tout préparer, tout organiser ! Les sociétés de secours mutuels, les associations agricoles ou syndicales ont de même fonctionné sans discontinuer, avec des bureaux embryonnaires.

Et si l'on regarde vers les champs, pourra-t-on dire jamais ce qu'il fallut de courage et d'endurance aux vaillantes femmes de la campagne pour réaliser le prodige de cultiver et d'entretenir en bon état le sol, de faire avec de jeunes enfants, avec des vieillards les rudes travaux agricoles?

Des enfants se sont chargés de la direction de fermes importantes. Dans la commune du Poiré-sur-Vie, Auguste Garnier, âgé actuellement de seize ans, exploite depuis la guerre, avec sa mère et sa tante, une ferme de 25 hectares, à la tête de laquelle étaient précédemment son père et son oncle, mobilisés. A Mesnard-la-Barotière, Eugène

Garreau, âgé de quinze ans seulement, régit une ferme qu'exploitaient ses deux frères aînés et son oncle, également mobilisés. A Chaillé-les-Marais, Omer Olivier, aujourd'hui âgé de dix-sept ans, a pris il y a deux ans l'administration d'une ferme de 55 hectares à la place de son père qui, atteint par la mobilisation, le laissait derrière lui avec sa mère et deux enfants plus jeunes; l'un de ceux-ci put aider son frère aîné. Sur un autre point, dans la commune de Mareuil, le jeune Pierre Murail, âgé de dix-sept ans, assure depuis deux ans l'exploitation d'une ferme de 65 hectares. Ailleurs (commune de St-Martin-Lars-en-Tiffauges), une ferme plus importante encore (70 hectares), où se trouvaient avant la guerre trois frères, mobilisés, dont deux sont tombés au champ d'honneur, a été gérée par un enfant, âgé aujourd'hui de dix-sept ans. Avec l'aide de deux jeunes sœurs, il a pu maintenir la ferme en excellent état de culture. Ces cinq enfants ont reçu des distinctions honorifiques de la Société nationale d'encouragement à l'agriculture. De nombreux autres mériteraient d'être également à l'honneur.

Quelle œuvre admirable, aussi, d'abnégation de la part des petits, des humbles, qui ont donné aux blessés, aux réfugiés, leur argent, leur temps, le meilleur d'eux-mêmes! En Vendée, c'est dans une commune rurale, un bourrelier, M. Baumard, qui chaque semaine, pendant de longs mois, a parcouru les différents quartiers du bourg et a transporté à ses frais à Luçon, ville distante de huit kilomètres, pour les remettre aux hôpitaux, les denrées de toutes sortes qu'il recueillait. Le Conseil municipal de sa commune (Triaize) n'a cru pouvoir mieux faire que de lui adresser de publiques félicitations. C'est une enfant des Sables d'Olonne, dont le père est tombé au champ d'honneur, qui consacre ses économies à l'achat d'un lot pour une tombola du Foyer du soldat et qui écrit au sous-préfet, président de l'œuvre, cette touchante lettre : « Ce matin, j'ai cassé ma tirelire et j'ai réuni tous mes gros sous pour acheter à vos chers soldats du Foyer un petit lot pour leur tombola. Il y a un an d'aujourd'hui que mon papa chéri est mort pour la France, et puisque je ne peux pas lui donner des fleurs, je veux donner aux braves soldats de France ma petite obole et mon papa sera très content. » Ce sont des dévouements de pauvres gens, mis en lumière par une femme qui est elle-même une femme de cœur, Mme Palanque, ancienne directrice de l'Ecole Normale de filles de La Roche-sur-Yon[1]. « J'ai vu, dit-elle, un ouvrier dont la femme malade était absente, m'apporter la veille de son départ pour la caserne son lit et une paire de draps brodés, le seul luxe du ménage, la pièce la plus précieuse du trousseau familial. — J'ai vu une pauvre vieille fille courbée par les ans et les angoisses de la vie au jour le jour, m'offrir, avec tout le linge dont elle avait pu disposer, les dernières bouteilles poudreuses d'une vieille eau-de-vie, qui, dans sa cave, témoignaient d'une époque lointaine où la vie s'était montrée douce aux siens. — J'ai vu une garde-malade de 60 ans au moins, qui vivait du produit de ses veilles, renoncer à son gagne-pain et donner jusqu'au moment où elle eut épuisé ses petites économies, son temps, ses soins et son cœur de vieille maman à nos blessés dont elle ne s'éloignait que pour s'acquitter de toutes les commissions dont ils n'hésitaient pas à la charger, ou pour solliciter en leur faveur les gâteries qu'elle leur prodiguait. A côté d'elle, une paysanne reconnaissante des bontés que nous avions pour son

1. *Bulletin de l'Association amicale des anciennes élèves de l'Ecole Normale d'Institutrices de la Vendée*. Op. Cit. *Ce que j'ai vu*, pp. 4-5.

fils, en traitement chez nous, ne pouvant nous offrir ni de l'argent (elle n'en avait pas), ni même ses soins d'infirmière qu'elle se sentait incapable de donner, employait ses pauvres mains calleuses aux besognes les plus rebutantes de l'hôpital. J'ai vu une femme âgée, ouvrière et femme d'ouvrier dont le fils unique, leur soutien, leur espoir et leur orgueil — car il devait à leur dévouement et à son travail une situation honorable — était parti sur le front comme lieutenant, j'ai vu, dis-je, cette femme passer ses matinées entières aux halles où elle quêtait en faveur des hôpitaux. Rien ne la rebutait : ni la rusticité des uns, ni la défiance offensante des autres, ni la longueur des stations devant les étalages, ni l'accablante lourdeur des corbeilles à soulever et à emporter, ni la difficulté qu'elle eut à obtenir de l'administration des hôpitaux la collaboration des infirmiers pour le transport des légumes et denrées qu'elle charriait chaque jour, en dehors de l'argent qu'elle recueillait. Pendant près d'un an, elle s'est dépensée de la sorte, quittant sa maison à l'aube et n'y revenant que tard dans l'après-midi, n'ayant ni le temps, ni surtout le désir, quand elle rentrait, de s'alimenter raisonnablement, sentant chaque jour ses forces diminuer, mais offrant, mère sublime, sa vie à Dieu, en échange de celle de son enfant... Le fils est tombé en héros à Hébuterne; la mère, à l'heure où j'écris, vient de mourir... De cette famille, si profondément unie, il ne reste plus à présent qu'un vieillard désolé, presque sans appui et sans ressources[1]. »

C'est une autre femme de bien, Mlle Houée, de La Roche-sur-Yon, dont ses concitoyens ont, par une pétition couverte de signatures, signalé aux pouvoirs publics le dévouement sans bornes pour toutes les victimes de la guerre. Dès le début de la mobilisation, elle recueillit de tous côtés du linge, des lainages, des effets d'habillement pour les blessés en traitement dans les hôpitaux. A l'arrivée du dépôt d'artillerie lourde replié sur La Roche-sur-Yon, elle fit aux soldats, dont beaucoup étaient privés de tout, des distributions de linge. Puis, ce furent des envois de colis aux soldats combattants et aux prisonniers de guerre. Mlle Houée a été surtout la providence des réfugiés français et belges dirigés sur la Vendée. Émue par leur infor-

1. La personne qui a accompli le bel acte d'abnégation cité par Mme Palanque est Mme Ruault, mère d'un agent-voyer de Vendée, tué en Artois.

tune, elle entreprit de leur procurer les objets d'habillement dont ils avaient le plus pressant besoin. Tous les vieux effets, toutes les chaussures mises au rebut qu'elle peut se procurer, elle les remet en état. Acceptant pour elle-même les privations, elle consacre ses modestes économies à des achats de cuir et d'autres fournitures; jour et nuit elle travaille pour ses protégés. Son logement a été transformé en un atelier de couture et de cordonnerie, encombré de vêtements et de chaussures hors d'usage. Employant tour à tour l'aiguille et l'alène, elle coud les vêtements, met des pièces aux souliers usagés ou les ressemelle. Elle ne se borne pas à secourir les réfugiés qui sont actuellement en Vendée; elle vient en aide à tous ceux qui y ont séjourné. Elle a ainsi distribué depuis deux ans des centaines de paires de chaussures, qu'elle avait elle-même réparées. L'Académie française a reconnu le dévouement exceptionnel de Mlle Houée en lui accordant un prix Souriceau.

Combien d'autres actes d'abnégation pourrait-on citer! C'est à Nalliers, une jeune bonne, Mlle Armande Véquaud qui, au départ de son maître, mobilisé, tient pendant plusieurs semaines, à la place de l'ouvrier malade, la boulangerie de la famille. Seule, elle prépare le pain, le fait cuire et le distribue, assurant ainsi l'alimentation d'un bourg important. C'est, dans un autre ordre d'idées, un jeune élève d'une école de La Roche-sur-Yon, Jean Briaud, qui se fait chercheur d'or pour la Défense Nationale, et qui, à lui seul, recueille et échange quinze cents francs d'or.

De tels actes honorent un pays. Ils montrent combien profonde a été notre unité morale et à quel point tous ont eu à cœur de participer à l'œuvre de Défense Nationale.

Les campagnes alarmistes n'ont pas eu prise en Vendée. C'est à peine si, à la suite de l'arrêt de notre offensive de Champagne en avril 1917, il y a eu un fléchissement momentané de l'opinion. Malgré la prolongation des hostilités, la tenue du pays reste parfaite. Devant le cortège des souffrances et des gloires de la guerre, au milieu des blessés, des veuves et des orphelins, parmi les soldats sortis pour quelques heures des tranchées, tous ont au cœur une absolue confiance dans les destinées de notre France.

Et M. Georges Clemenceau pourrait encore aujourd'hui signer cette belle page qu'il écrivait, il y a un an[1], sur la Vendée, son pays d'origine : « Chez tous les paysans que je visite, en cette fin d'indispensable villégiature, je ne vois que des deuils dans le stoïcisme d'un silence dont la tension des regards et la contraction des visages pâles trahissent les pensées. L'autre jour, dans une cabane du marais vendéen, la vieille, serre-tête blanc et jupon court, regardait la terre, sans rien dire, cependant que le vieux, aux yeux clairs, à la parole saccadée, dénombrait sa progéniture. Un mort, un prisonnier, un mutilé, un autre provisoirement écarté du service pour son état de santé, mais qui s'attend à être repris, au premier examen. Alors, timidement, à mi-voix :

— Alors, est-ce que ce sera long encore?

— Je le crains.

— Ah!... Et on les aura?

— On les aura, c'est sûr.

— C'est pas pour dire?

— Non, c'est la vérité. Je vous en donne ma parole. Ça ne peut pas manquer.

— Alors, c'est bien.

« Et la main nerveuse, caressant le chien bleu à

1. L'*Homme Enchaîné*, n° du 9 septembre 1916.

tête de phoque, exprimait je ne sais comment ce que la voix encore n'aurait pas osé dire : qu'à travers tout on était content.

« Et la jeune femme à la parole chantante, regardant celui qui bientôt peut-être allait partir, trouvait un sourire de courage, comme pour lui souffler :

— Mon homme, c'est ton tour.

« Quel besoin de mensonge à des âmes de si simple grandeur ? J'ai vu de vieux amis de ma jeunesse s'arrêter, tout tremblants, avec des yeux mouillés, en faisant le compte funeste, puis enfoncer, d'un grand geste héroïque, la bêche dans le sol, comme pour une prise de possession dont rien ne pourrait les détacher. »

31 octobre 1917.

TABLE DES MATIÈRES

LES POPULATIONS

LES ŒUVRES DE GUERRE

LA SOLIDARITÉ VENDÉENNE

LA VIE ÉCONOMIQUE

LA VIE SOCIALE

LA ROCHE-SUR-YON

IMPRIMERIE CENTRALE DE L'OUEST

56-60, RUE DE SAUMUR, 56-60

www.ingramcontent.com/pod-product-compliance
Ingram Content Group UK Ltd.
Pitfield, Milton Keynes, MK11 3LW, UK
UKHW020205250726
13967UKWH00003B/1270